改革开放进程中的经济学家学术自传

张卓元　高培勇　主编

周叔莲学术自传

周叔莲◎著

ACADEMIC AUTOBIOGRAPHY OF ZHOU SHULIAN

SPM
南方出版传媒
广东经济出版社
·广州·

图书在版编目（CIP）数据

周叔莲学术自传 / 周叔莲著．—广州：广东经济出版社，2020.9
（改革开放进程中的经济学家学术自传）
ISBN 978-7-5454-7352-0

Ⅰ．①周… Ⅱ．①周… Ⅲ．①周叔莲—自传 ②经济学—文集 Ⅳ．①K825.31 ②F0-53

中国版本图书馆CIP数据核字（2020）第163661号

出 版 人：李 鹏
策划编辑：周 晶
责任编辑：萧广华
责任校对：杨 蕾
责任技编：陆俊帆

周叔莲学术自传
ZHOU SHU LIAN XUESHU ZIZHUAN
周叔莲 著

出 版 发 行	广东经济出版社（广州市环市东路水荫路11号11～12楼）
经 销	全国新华书店
印 刷	恒美印务（广州）有限公司 （广州市南沙经济技术开发区环市大道南路334号）
开 本	787毫米×1092毫米 1/16
印 张	11
字 数	108千字
版 次	2020年9月第1版
印 次	2020年9月第1次
书 号	ISBN 978-7-5454-7352-0
定 价	88.00元

图书营销中心地址：广州市环市东路水荫路11号11楼
电话：（020）87393830 邮政编码：510075
如发现印装质量问题，影响阅读，请与本社联系
广东经济出版社常年法律顾问：胡志海律师

《改革开放进程中的经济学家学术自传》丛书

编辑委员会

《改革开放进程中的经济学家学术自传》丛书分册名录

（按姓氏音序排列）

1.《白重恩学术自传》
2.《蔡昉学术自传》
3.《常修泽学术自传》
4.《陈东琪学术自传》
5.《陈锡文学术自传》
6.《迟福林学术自传》
7.《樊纲学术自传》
8.《范恒山学术自传》
9.《房维中学术自传》
10.《高培勇学术自传》
11.《高尚全学术自传》
12.《郭克莎学术自传》
13.《洪银兴学术自传》
14.《黄达学术自传》
15.《黄群慧学术自传》
16.《贾康学术自传》
17.《江小涓学术自传》
18.《金碚学术自传》
19.《李实学术自传》
20.《李晓西学术自传》
21.《厉以宁学术自传》
22.《林兆木学术自传》
23.《刘诗白学术自传》
24.《刘世锦学术自传》
25.《刘树成学术自传》
26.《刘伟学术自传》
27.《马建堂学术自传》
28.《彭森学术自传》
29.《宋晓梧学术自传》
30.《田国强学术自传》
31.《王梦奎学术自传》
32.《王一鸣学术自传》
33.《魏杰学术自传》
34.《魏礼群学术自传》
35.《乌家培学术自传》
36.《吴敬琏学术自传》
37.《杨瑞龙学术自传》
38.《张军学术自传》
39.《张军扩学术自传》
40.《张晓山学术自传》
41.《张燕生学术自传》
42.《张宇燕学术自传》
43.《张卓元学术自传》
44.《赵人伟学术自传》
45.《郑新立学术自传》
46.《周叔莲学术自传》

总　序

Preface

盛世出华章。中国的改革开放是一场波澜壮阔、前无古人的伟大社会变革，也将是世界经济发展史上的瑰丽篇章。中国经济学家在这场伟大变革中，或贡献了智力，或参与了实践，无论是参政建言还是学术构建，均厥功甚伟。

在我们先后迎来改革开放40周年和中华人民共和国成立70周年之际，为了记录并彰显中国经济学家的历史贡献，为中国特色社会主义事业进一步发挥智慧的力量和作用，同时借以勉励后学筑梦前行，我们组织并编辑了这套《改革开放进程中的经济学家学术自传》丛书。

这套丛书的出版设想，最初由广东经济出版社提出。在此之前，得力于中国社会科学院经济研究所张卓元教授等的大力支持，该社曾于2009年编辑出版《影响新中国60年经济建设的100位经济学家》丛书。那套丛书产生了良好的社会反响，也获得了较高的学术评价。弹指一挥间，又是一个十年，共和国迎来了70华诞，改革开放也逾40周年。在这样一个特殊的背景下，广东经济出版社邀请张卓元教授和高培勇教授牵头，由《经济研究》编辑部具体负责，组织、编辑一套集中反映改革开放进程中的经济学家学术探索和心路历程的丛书。

认识到这是一件颇具眼光、很有意义的事情，于是，便有了读者眼前这套《改革开放进程中的经济学家学术自传》丛书编辑出版工作的启动。

中国经济改革与发展的伟大实践，为中国经济学家的成长提供了肥沃的土壤。要从这些灿若繁星的经济学家中推选出大家公认的富有影响力的经济学家，并不容易。怎样推选？推选多少？具体标准是什么？如何约稿？丛书的体例又该如何把握？这一系列相关问题接二连三地提至我们面前。

为此，在初步拟订编辑出版方案的基础上，由张卓元教授和高培勇教授主持，邀请部分专家召开了小范围的论证会议，就组建丛书编辑委员会以及丛书编辑出版的一系列相关问题听取意见，进一步完善方案。

紧跟着，2017年6月25日，丛书编辑委员会会议在北京举行。出席会议的委员共有19位（按姓氏音序排列）：白重恩、常修泽、陈东琪、陈锡文、迟福林、高培勇、郭克莎、黄群慧、金碚、李晓西、刘伟、彭森、宋晓梧、田国强、魏礼群、吴敬琏、张军扩、张燕生、张卓元。因故请假、提供书面意见的委员有10位（按姓氏音序排列）：蔡昉、曹远征、贾康、李实、李扬、厉以宁、林毅夫、刘世锦、钱颖一、张军。

这次编辑委员会会议就如下一些重要问题形成了高度共识：

第一，关于丛书的意义。委员们高度认可丛书的编辑出版工作，认为这是一项富有重要历史和现实意义的出版工程。

第二，关于丛书入选者的标准和数量。委员们认为应本着宁缺毋滥、质量为先原则，以对改革开放事业的某个特定领域做出实质性贡献或产生实质性影响的经济学家为重点，入选者宜掌握在60位左右。

第三，关于丛书的体例。基于凸显学术价值和史料价值的考虑，委员们认为学术自传宜涵盖作者的学术成长历程、作者对改革开放事业某个特定领域的研究成果和学术贡献、作者对特定领域改革前景的展望等方面内容。

第四，关于丛书的读者对象。委员们认为应主要面向青年学者以及学生，谈人生经验、述理想情怀，激励广大青年学者和学生确立奋斗的目标、发展的方向和成功的路径。

第五，关于丛书的文风。委员们主张学术自传应具有较强的理论性、学术性，同时文笔流畅、深入浅出，具有一定的可读性。

在经过充分讨论形成的候选经济学家名单基础上，与会委员按照获得半数以上多数票入选的规则，以无记名投票方式表决确定了65位入选者。

会议还决定，请因故请假的委员继续对候选经济学家名单通讯投票，并根据此项流程的统计结果，提请全体编辑委员会委员再进行一次通讯评审，最终确定丛书入选者为68位。

由此产生的《改革开放进程中的经济学家学术自传》丛书入选作者为（按姓氏音序排列）：白重恩、蔡昉、曹远征、常修泽、陈东琪、陈清泰、陈锡文、迟福林、樊纲、范恒山、房维中、高培勇、高尚全、郭克莎、 郭树清、韩俊、洪银兴、华生、黄达、黄群慧、贾康、江小涓、金碚、李剑阁、李京文、李实、李晓西、李扬、厉以宁、林毅夫、林兆木、刘国光、刘鹤、刘诗白、刘世锦、刘树成、刘伟、隆国强、楼继伟、马建堂、彭森、 钱颖一、宋晓梧、田国强、王梦奎、王一鸣、魏杰、魏礼群、乌家培、吴敬琏、吴晓灵、杨启先、杨瑞龙、易纲、余永定、张军、张军扩、张维迎、张晓山、张燕生、张宇燕、张卓元、赵人伟、郑新立、周其仁、周叔莲、周小川、朱玲。

在确定入选者名单之后，《经济研究》编辑部立即展开了组稿工作，共有46位入选者接受约稿。在这一过程中，入选的经济学家或其家属、秘书、好友等，对我们的工作给予了热情的支持，在百忙之中积极准备所需要的文献，其认真精神令人感动。应该说，没有他们的积极响应和大力支持，这套丛书是难以按时按质完成的。

由于入选的经济学家大多是名人、忙人，有一部分老作者也已年届九十高龄，约稿的工作量及其难度可想而知。一些作者提出暂不能写作，这多少令我们感到些许遗憾。其间也有许多感人的情景要告诉读者们：常修泽先生于2018年夏天在吉林延边的一个小镇闭门两三个月专事自传写作，在整个写作过程中数十次与编辑部和出版社沟通，包括内容完善、结构设计和一些合理性建议等诸多细节，并且在约定期限内交稿给编辑部；九十五岁高龄的黄达教授在写作过程中十余次通过电话或电子邮件与编辑部讨论写作重点和风格；乌家培、林兆木、王梦奎等老先生也是不厌其烦，反复就文字沟通润色；周叔莲先生在去世前一周还给编辑部打电话，告诉编辑自己已经基本完成了书稿的写作，并详细介绍了自己的写作过程和感想，我们至今忆此仍为之动容。在这些难得的沟通中，我们一次次被感动。

随着此套丛书的陆续编辑出版，我们越来越强烈地体会到了这项工作的意义和价值：

入选这套丛书的作者，系改革开放进程中的经济学家，他们的知名度较高，社会影响较大。这套自传体丛书，是对他们的代表性研究成果、学术贡献、成长历程及人格魅力的一个集中展示。对于广大读者特别是青年学子来说，这无疑是一个难得的学习、了解我国经济理论和现实问题的机会。

这些经济学家在各自的学术领域都是佼佼者或领军者，他们学术素养深厚、学术成就卓越。他们在自传中大多以第一人称娓娓道来，讲述了自己的家国情怀与学术成长经历，为记录我国改革开放历程留下了第一手资料。从经济史和思想史的角度看，这应该是非常有史料价值的研究文献。

众多大家的纸上风华，既映射出中国改革开放40多年取得的巨大成就，也是对中国改革与发展经验比较系统的总结。正如习近平总书记所指出的："从我国改革发展的实践中挖掘新材料、发现新问题、提出新观点、构建新理论，加强对改革开放和社会主义现代化建设实践经验的系统总结，加强对发展社会主义市场经济、民主政治、先进文化、和谐社会、生态文明以及党的执政能力建设等领域的分析研究，加强对党中央治国理政新理念新思想新战略的研究阐释，提炼出有学理性的新理论，概括出有规律性的新实践。这是构建中国特色哲学社会科学的着力点、着重点。"应该说，本套丛书的作者们用生动而精彩的人生与学术追求，践行了这一重要要求。

这套丛书的编辑出版与《经济研究》编辑部各位同仁的努力也是分不开的。他们通过电话、短信和邮件等方式不断地与作者或其家人、秘书等进行沟通。参加组稿和审稿工作的人员有：郑红亮、刘霞辉、张永山、唐寿宁、王利娜、谢谦、金成武、孙三百、陈小亮、欧宏、王红梅、刘莹、曹帅。

广东经济出版社的领导和编辑在本丛书的出版过程中也做了大量的工作，正是有了他们的努力，这套丛书才得以顺利与读者见面。

特别值得一提的是，这样一套组织工作浩繁的大型丛书，见证了《经济研究》编辑部与广东经济出版社值得称道的团队合作精神。编辑部的张永山、王红梅同志和广东经济出版社的编辑团队从始至终为丛书的组织沟通、约稿、文稿整理付出了大量的心血，他们的耐心和一丝不苟的敬业精神令人称道。

这套丛书就此付梓了，回望中国改革开放的辉煌岁月，携手丛书作者对祖国的拳拳心路与期待，我们略感欣慰！但由于时间仓促，加之我们的水平有限，书中的不足和错误之处在所难免，敬请广大读者批评指正。

《改革开放进程中的经济学家学术自传》丛书编辑委员会

2019年10月

作者简介

周叔莲

1929年出生于江苏省溧阳县（1990年改市）。1953年毕业于复旦大学经济系，分配到中国科学院经济研究所工作。1980年转入中国社会科学院工业经济研究所。

曾任中国社会科学院工业经济研究所副所长（1980—1985年）、所长（1985—1993年），《中国工业经济研究》主编（1988—1996年），国务院学位委员会学科评议组成员（1986—1996年），全国哲学社会科学应用经济学学科规划组成员（1986—2002年），第八届、第九届全国政协委员和全国政协经济委员会委员，中国工业经济联合会副会长，中国企业管理研究会副会长，中国工业经济教育研究会副会长，中国社会科学院第一届学术委员会委员，首届中国社会科学院学部委员。享受国务院政府特殊津贴专家。

主要对中国工业发展战略、经济结构、城乡关系、技术进步、企业改革和管理等问题进行研究。系统分析了农业在各个社会形态中的作用，指出发展农业最主要的是建立合理的生产关系；率先提出把发展轻工业放在优先地位，阐述社会主义工业化和资本主义工业化具有的共同点；较早提出重视城市的作用，对城乡经济社会协调发展提出系统建议；阐述了科学技术和生产力的关系，主张积极引进先进技术，发展高新技术产业；率先提出和论证国有企业必须自主经营、自负盈亏，提出国营企业成为商品生产者和经营者的条件、途径和方法。在企业管理方面，认为企业改革和企业管理要互相结合，要重视企业经营，研究企业行为规律，加强企业民主管理，扎实推进企业文化建设，加快实现企业管理现代化。主张中国需要加强管理教育，培育大批经济管理人才，培养优秀的社会主义企业家队伍。

曾获1984年、1990年孙冶方经济科学论文奖，1986年孙冶方经济科学著作奖；1984年中国社会科学院优秀论文奖，1993年中国社会科学院优秀著作奖和优秀论文奖；1988年“纪念十一届三中全会十周年理论讨论会”优秀论文奖；1999年国家社会科学基金项目优秀成果奖。1995年被香港理工大学授予“杰出中国访问学人”称号。

作者于2018年3月5日去世，此稿是作者在生病期间完成的最后一部重要著作。

周叔莲学术自传

目录

壹

成长经历

我出身于一个清贫家庭。父亲是职员，为人诚实忠厚，认真负责。母亲主持家务，勤劳正直，爱讲公道话。父母对我们要求严格，这对我的性格有很深的影响。小学毕业后，我和二弟一起考取初中，但家里省吃俭用也只能供一个儿子读初中。最终我上学了，二弟辍学做学徒。我为此感激家里人，决心用功读书。

1946年，我考入江苏省立常州中学读高中。1948年高中毕业后，考入上海同济大学新生院哲学系。1949年初，休学回溧阳做小学教师。在高中时我爱好社会科学，在同济大学读书期间我阅读了郭沫若、艾思奇、翦伯赞、胡绳等人的著作，开始信仰马克思主义。1949年4月溧阳解放后，我如饥似渴地学习了《新民主主义论》《论联合政府》等著作，并研读了刚出版的中文版《资本论》。当时《学习》杂志发表的于光远、王惠德等人的文章，引起了我对政治经济学的极大兴趣。为了能够继续读大学，1950年2月我辞去小学教师职务。

新中国成立后，我的学籍由同济大学转到复旦大学，我于1950年9月如愿进入复旦大学经济系学习。我上过漆琪生老师讲授《资本论》的课，还旁听过王芸生、周予同等老师的课。社会主义过渡时期总路线公布时，我带着“为什么新民主主义社会结束这样快”的疑问请教过蒋学模等老师。大学阶段我认真读书，勤于思考，成绩突出，为以后工作打下了基础。

1953年8月，大学毕业后我分配到中国科学院经济研究所工作。我先在经济史组研究中国近代史，不到一年又转到现实经济组并去各地调查。我曾调查过河南省开封市的统计工作、河北省高阳县的手工业及博野县的畜牧业和山西省的水土保持。频繁地调动工作影响了当时出研究成果的速度，但对我以后的成长还是很有帮助的。一是我过去是从家门到校门，从校门到机关，缺少实际工作锻炼。参加实际调查在一定程度上弥补了这个缺陷。二是扩大了视野，在山西省的调查中我在几个县城收集农业、工业、商业、人民生活等多方面的资料，了解到各经济部门之间的联系。这次调查有自然科学的专家参加，这使我认识到很多经济问题是需要社会科学界和自然科学界联合起来解决的。20世纪80年代初我在研究中国经济发展战略时，强调要把经济、社会、科技发展战略结合起来，与从事这些调查得到的启示不无关系。三是认识到研究历史的重要性，在一定程度上克服了重视抽象理论、忽视历史知识的缺点。1960年前后我研究的内容是农业是国民经济的基础，当时报刊上已发表了大量关于这个问题的文章，为了使研究有深度，我对农业在各个社会形态中的作用作了历史研究，撰写了《农业在前资本主义社会和资本主义社会国民经济中的地位和作用》一文。《经济研究》编辑部认为这篇文章有新意，遂将其发表在1961年第5期的《经济研究》上。

1956年，经济研究所成立农业经济组，我成为第一批成员。除了承担组内的研究任务，我还参加了孙冶方的“社会主义经济论”课题组。在工作中我细心观察和学习孙冶方、骆耕漠、杨坚白等前辈的长处，也努力观察和学习桂世镛、吴敬琏、陈吉元、张卓元、黄范章等同辈人的优点。我乐于独立研究，也乐于与人合作。曾利用一个周末，与桂世镛合作，拟写了“社会主义经济论提纲”（草稿），就是后来被称为“何桂体系”的初稿。我们这些年轻人经常在一起研讨问题，有时争得面红耳赤，但相互切磋提高了大家的认识和研究能力，结下了友谊。“文化大革命”前，我发表了一批有关农业经济的论文，还合作写了若干篇论述社会再生产和级差地租的论文。

“文化大革命”期间，我于1969年11月随经济研究所到河南息县“五七”干校劳动，1972年5月回到北京。1974年，我被借调到国家建委研究组工作。这个研究组是李先念委托谷牧组建的，主要研究中国工业现代化、基本建设、固定资产投资效果等问题。出于工作需要，我到北京图书馆、中国科学院图书馆等单位借阅了欧美经济史、西方经济思想史等方面的著作，阅读了库兹涅茨的《各国经济增长》《现代经济增长》等名著，还参加了国家建委对建设基地和工厂的多项调查研究工作。

粉碎“四人帮”后，我积极投身于经济学界的拨乱反正工作，同时清理自己的思想。我自己撰写或和吴敬琏、汪海波合作发表了数十篇批驳“四人帮”的论文，三人当时被称为经济学界的“三家村”。我主笔的《论社会主义工资及其具体形式》[①]，率先为社会主义工资、奖金恢复名誉。我系统地批判了“四人帮”“社会主义理论”的论文也有了较大的社会影响。

1977年9月到1978年8月，我参加了国家计委组织的大庆经验调查，此项工作由马洪指导。我早就敬仰马洪，了解马

① 全文分两次发表在1977年12月5日和12月12日的《光明日报》上。

洪在经济研究和企业研究上的造诣，这次在他的指导下进行调查研究，收获甚多。1978年，马洪任中国社会科学院工业经济研究所所长，他邀请我到工业经济研究所工作，于是我于1980年来到工业经济研究所。当时马洪负责由国务院财经委员会布置的全国经济结构调查，他指派我参加此项工作。后来马洪、孙尚清主编《中国经济结构问题研究》，我为该书草拟了前言，撰写了第一章“三十年来我国经济结构的回顾”，并协助主编对全书进行了修改、定稿和统稿。我曾参与马洪主笔的《满足人民需要是社会主义建设的崇高使命》《关于社会主义制度下的商品经济》《改革经济管理体制与扩大企业自主权》等报告的起草，与马洪合作写过《美国怎样培养企业管理人才》《怎样对国外企业管理进行比较研究》等论文。我在马洪的领导下工作了10多年，一直努力学习马洪求真务实、勤学创新的精神，由此扩大了研究领域，

1996年6月20日参加深港经济衔接论证会

提高了思想政策水平和业务能力。

1980—1985年，我担任工业经济研究所副所长，1985—1993年担任所长。我曾主持过多项国家社会科学重点课题，并长期跟踪研究国有企业改革。我在“六五”计划时期研究中国经济发展战略，主编的《中国工业发展战略问题研究》获孙冶方经济科学著作奖；“七五”时期主持“中国产业政策理论研究”课题，主编的《中国产业政策研究》获中国社会科学院优秀成果奖；“八五”时期研究城乡二元结构，主编了《国外城乡经济关系理论比较研究》《中国地区城乡经济关系研究》《中国城乡经济及社会协调发展研究》3部专著；“九五”时期研究中国工业增长、结构变动和转变经济增长方式。

进入21世纪，虽然我已到了古稀之年，但仍笔耕不辍。2001年我总结“苏联撤走专家停止援助中国”的教训，提出社会主义可持续发展和不可持续发展问题，指出社会主义持续发展是一个包括经济、政治、法律、文教、科技等多方面改革和建设内容的系统工程，任务艰巨。2004年，我分析了社会主义和市场经济的矛盾统一关系，认为既要坚持社会主义市场经济，又要处理好社会主义和市场经济的矛盾。2005年，我探索新条件下的中国工业化，概括了新型工业化道路的主要内容，指出对工业化要有全面认识，不能仅就工业发展研究工业化，而要从整个国民经济着眼研究工业化，尤其要重视工业与农业、第三产业的关系，重视工业化和市场化、法治化、全球化的关系，重视工业化中出现的问题。

贰

研究的主要课题及意义

一 在工业化进程中研究工农关系和城乡关系

1949年10月1日新中国成立，经过3年经济恢复，开始了大规模的社会主义工业化建设。60多年来，中国逐步由农业大国转为工业大国，并正在向工业强国迈进。实现国家工业化是意义重大而又十分艰巨的事业，对中国来说尤其如此。中国工业化走过曲折的道路，由于不断探索和不懈努力，终于取得了令世界瞩目的辉煌成绩，并在处理工农关系、城乡关系等方面积累了丰富的经验，形成了具有中国特色的社会主义工业化发展模式。

我有幸见证了迄今的中国社会主义工业化进程，并在工作岗位上参加了有关的研究工作。1953年我大学毕业后分配到中国科学院经济研究所，曾到河北、山西等地的农村进行调查。1956年我作为中国科学院经济研究所新成立的农业经济组成员，开始研究工业化中的农业经济问题，探索农业与工业如何协调发展。后来我转入中国社会科学院工业经济研究所，又从发展工业的角度研究工业和农业协调发展的问题。20世纪80年代初，我的研究范围扩大到城乡关系。90年代我曾承担国家社科基金“八五”重点课题“城乡二元结构下的经济社会发展问题研究”及中华基金资助项目“中国城乡协调发展问题研究”，还承担了中国社会科学院重点项目“中国城乡工业协调发展问题研究”。这些项目都组织了课题组，研究成果都出版了专著。在工业化进程中，我研究工农关系和城乡关系，主要做了以下工作。

1. 研究农业是国民经济的基础

中国是在农业很不发达的情况下实行快速工业化的，而且优先发展重工业，因此工业化开始时就存在农业和工业发展不相适应的矛盾。1958年“大跃进”和人民公社化运动后，农业急剧减产，国民经济严重失调。为了纠正这种局面，加快农业发展，党中央和毛主席提出了以农业为基础，以农轻重为序等方针。20世纪60年代初，理论界热烈讨论农业是国民经济的基础问题，有些同志认为农业是国民经济的基础是适合一切社会形势的普遍规律，也有不少同志否认这是一个普遍规律。例如，有人认为前资本主义社会里工业还没有独立，因此农业不是国民经济的基础；有人认为农业在资本主义社会里落后于工业，不是国民经济的基础；有人认为在将来的共产主义社会里农业比重很小，也不是国民经济的基础，只有在农业大国，由于比重大农业才是国民经济的的基础。这次讨论的实质是，在我国工业化中如何认识和落实农业是国民经济的基础这个具有普遍意义的客观经济规律。1960年，孙冶方同志组织经济研究所的同志撰写《社会主义经济论》，分配我写农业是国民经济的基础相关内容。我认真学习了马克思主义经典关于这个问题的论述和党中央的方针政策，并收集了大量的历史文献资料，撰写了《论农业在前资本主义社会和资本主义社会国民经济中的地位和作用》[①]《如何理解“超越于劳动者个人需要的农业劳动生产率

① 刊登于1961年第5期的《经济研究》上。

是一切社会的基础”》[1]等论文，论证了农业是国民经济的基础是一个具有普遍意义的客观经济规律，也是马克思主义。

这些论文指出，农业是人类生存之本，衣食之源。只有解决了衣食问题，人类才有可能进行其他一切活动。因此，农业生产也是一切生产的先决条件。从人类历史看，农业生产是人类一切生产的起点，人类起初只有农业部门，后来随着农业劳动生产率的提高，农业以外的部门才独立发展起来。论文着重分析了农业在各个社会形态中的作用，指出原始社会向奴隶社会的过渡，是建立在农业劳动生产率提高的基础上的，如果农业劳动生产率很低，农业劳动者就不能给社会提供剩余产品，社会上也就没有人可以依靠剥削为生。封建社会的农业有了进一步的发展，社会分工也进一步发展起来，但农业还很落后，大部分手工业也还是与农业生产结合着。封建制度下农业生产的发展和农业劳动生产率的提高，为资本主义的发展奠定了基础。农业在资本主义国民经济的形成和发展中都起着基础作用。在资本主义国家中，有的是以本国的农业，有的是以外国的农业作为资本主义发展的基础。马克思正是在对人类社会发展历史作了深刻的研究后，得出“超越于劳动者个人需要的农业劳动生产率，是一切社会的基础”这一论点的，这个论点也适合于社会主义社会和共产主义社会。在社会主义社会的国民经济中，农业仍担负着提供粮食、原料、市场、资金、劳动力的任务。而且，由于社会主义生产的目的是不断提高人民物质文化生活

① 刊登于1961年第16期的《中国青年》上。

水平，因此农业的地位和作用更加重要。马克思说过："如果共同生产已成为前提，时间的规定当然仍有重要意义，社会为生产小麦、牲畜等等所需要的时间越少，它所赢得的从事其他生产，物质的或精神的生产的时间就越多。"[①] 这充分说明，农业是国民经济的基础是具有普遍意义的客观经济规律，我们必须遵循这个规律，重视和加快农业发展，使之和工业及整个国民经济发展相适应。

2. 探索恢复和发展农业，扩大再生产的途径

20世纪50年代后期，由于盲目追求工业高速度和农业生产关系的急剧变动，不仅农业扩大再生产受到阻碍，农业简单再生产也受到损害。当时农业生产还面临着恢复的问题。20世纪60年代初理论界开展了农业再生产问题的讨论。我在《关于农业扩大再生产的标志和形式问题》[②]中说："所谓农业扩大再生产的标志问题，实际上就是如何区别农业简单再生产和农业扩大再生产的问题，当前讨论这个问题，一个重要目的是正确处理农业简单再生产和扩大再生产的关系。""简单再生产是扩大再生产的基础，要实现扩大再生产，首先必须保持简单再生产，同时又要在此基础上进一步扩大生产规模。"根据马克思在《资本论》中对于资本主义再生产的考察，我认为在社会主义农业再生产中，资金也依次经过货币形态、生产形态、产品形态等三个形态。在货币

---

① 中共中央马克思恩格斯列宁斯大林著作编译局：《马克思恩格斯全集》（第46卷）（上），人民出版社，1979，第120页。

② 刊登于1963年第11期的《经济研究》上。

形态方面，有无积累是农业扩大再生产的标志；在生产形态方面，有无生产资料和劳动力的追加是农业扩大再生产的标志；在产品形态方面，产品数量和产品价值是否增加是农业扩大再生产的标志。关于农业扩大再生产的形式，根据不同的标志可以划分为两类：一类是农业外延扩大再生产和农业内涵扩大再生产，前者是单纯由投入生产的劳动量增加引起的，后者是由劳动生产率提高引起的；另一类是农业粗放经营扩大再生产和农业集约经营扩大再生产，前者是单纯由扩大耕地面积引起的，后者是由单位面积上劳动和生产资料增加引起的。从长远来看，我国农业扩大再生产主要将采取集约经营的形式，增加农产品主要依靠提高单位面积产量，有条件的地方需要适当开垦荒地，适当扩大耕地面积。对于当时如何恢复和发展农业生产，有人强调要增加农村人民公社的公积金。我认为这个意见不符合实际情况。我在《谈谈决定社会主义农业扩大再生产的因素问题》[①]中指出，在农业生产中，劳动力、土地等都有重要的作用。如何充分发挥它们的作用，是一个值得重视的问题。我对当时恢复和发展农业生产的意见是：①增加国家对农业的投资；②追加农业劳动力；③提高劳动利用率；④合理利用土地；⑤合理利用生产资料；⑥采用先进的农业科学技术；⑦改进劳动组织；⑧调动农民的劳动积极性。当时农业生产的主要问题是人民公社制度问题。我在和汪海波同志合作撰写的论文《试论若干影响农业扩大再生产的因素》[②]中曾指出，“生产关系对农业扩

① 刊登于1963年10月21日的《光明日报》上。

② 刊登于1963年第12期的《中国经济问题》上。

大再生产有决定性的影响”。1962年，我们还合作写过几篇有关级差地租的文章，意在克服人民公社生产队之间的平均主义。后来我又提出，“我国经济结构出现严重问题，是从1958年公社化开始的。在1956年合作化高潮中，就有对合作化速度要求过快，对社会化程度要求过高的缺点，以后在公社化运动中大刮共产风，挫伤了农民的积极性，损害了农业的发展。事实表明，生产关系落后于生产力状况固然要阻碍生产力的发展，生产关系超越于生产力状况同样要阻碍生产力的发展”“要按照生产关系一定要适合生产力性质和水平的要求，建立合理的生产关系结构”[①]。

3. 研究正确处理农业、轻工业、重工业的关系

正确处理农业、轻工业、重工业的关系是我国工农业协调发展的一个关键问题。毛主席曾说，中国工业化的道路主要是重工业、轻工业和农业的发展关系问题，可见这个问题多么重要。毛主席在《论十大关系》中曾说，在处理重工业和轻工业、农业的关系上，我们没有犯原则的错误。我们比苏联和一些东欧国家做得好些。这是事实。但后来我们也走了弯路，导致农业、轻工业、重工业的关系严重失调。1980年我在《三十年来我国经济结构的回顾》《建设中国特色经济结构的几个问题》等论文中，曾对处理农业、轻工业、重工业的关系的历史进行总结和探索。当时经济结构很不合理，首要的问题是农业、轻工业、重工业的关系失调。

① 周叔莲：《三十年来我国经济结构的回顾》，载马洪、孙尚清主编《中国经济结构问题研究》，人民出版社，1981，第23—55页。

一是农业落后，农业劳动生产率低，8亿人民搞饭吃，农产品仍远远不能满足需要。由于片面强调“以粮为纲”，不仅不能充分利用自然资源，而且使生态平衡受到破坏。二是轻工业、重工业发展速度悬殊，轻工业长期处于被挤的地位。三是重工业脱离农业和轻工业片面发展，不仅挤了农业和轻工业，也妨碍了自己的发展。我指出：为了正确处理农业、轻工业、重工业的关系，必须纠正片面优先发展重工业的错误。过去片面优先发展重工业是同理论上的片面性有关的，就是认为优先发展重工业才是社会主义工业化的道路，优先发展轻工业是资本主义工业化的道路。其实这种理论是不能成立的。英法等资本主义国家确实是从轻工业开始工业化的，但不能以此证明从轻工业开始工业化就是资本主义道路。这些资本主义国家从轻工业开始工业化主要不是由于资本主义生产关系，而是由于当时生产力的状况。英法等国家开始工业化的时候，农业在这些国家占统治地位，工业以纺织工业和其他轻工业为主，煤炭炼钢等重工业还很不发达，这种生产力状况决定了工业化要从轻工业开始。后来生产力状况改变了，重工业发展了，资本积累了，到了一定的阶段，它们也都优先发展重工业，靠重工业的发展，带动整个国民经济的发展。我国“一五”时期实行优先发展重工业的方针是正确的，但后来在重工业已经脱离了农业和轻工业片面发展的情况下，还强调优先发展重工业，在重工业中又片面实行“以钢为纲”，就不能不犯错误了。因此，我们不能笼统地反对优先发展重工业，问题在于时间、地点、条件。

我还指出：过去片面优先发展重工业同片面理解生产资

料优先增长的原理有密切的关系。当时流行的说法是，没有生产资料的优先增长，扩大再生产根本不能实现。这种说法有很大的片面性，不符合马克思主义原理。马克思提出的扩大再生产的公式并不认为生产资料必然优先增长。列宁把技术进步引起的资本有机构成提高的情况引入马克思的公式，才得出生产资料优先增长的结论。可见，根据列宁的意见，生产资料优先增长是有条件的，扩大再生产并非任何时候都要求生产资料优先增长。但是，有些同志根本不承认生产资料优先增长是一个规律，或者否认这个规律在社会主义再生产中的作用，也是缺乏科学根据的。列宁对于生产资料优先增长的分析是有科学根据的，世界上主要的经济发达国家几乎都经历过生产资料优先增长的阶段。我国在手工劳动向机械化过渡的阶段，随着技术的进步，资本有机构成必将提高，生产资料优先增长的规律显然是要继续发挥作用的。当然，在运用这个规律时，必须充分考虑我国的实际情况。

4. 探索城市在经济发展中的作用

在我国工业化过程中，城市化一直是滞后的，一度对城市的作用也不够重视。党的十一届三中全会以后，随着改革开放的推进，城市的重要性日益显现。1981年12月在北京召开了全国中心城市座谈会，1982年11月在天津召开了沿海八城市经济问题讨论会，全国理论界开始重视城市经济的研究。我在1982年写了《我国沿海城市的经济发展战略问题》[①]

① 周叔莲：《中国式社会主义经济探索》，辽宁人民出版社，1985，第446—453页。

等论文，对城市发展对经济的影响、为什么过去没有重视城市在经济发展中的作用、如何制定有科学根据的城市发展规划以及沿海城市的经济作用等问题发表了自己的意见。

由于当时处于经济调整时期，我着重分析了城市发展对经济结构的影响。城市具有人口集中、工商业发达、交通运输发达、科学教育事业发达等特征，是全国的或某一地区的经济中心。这些特征使得城市经济结构具有很多不同于农村经济结构的特点，同时对农村经济结构产生了重大影响，并影响整个国民经济的变动。首先，随着城市的发展，城市和农村的所有制都会发生急剧变动。其次，产业结构也随着城市的发展而变化。第一次产业的比重呈减少趋势，第二次产业先增加后减少，第三次产业呈增加趋势。最后，城市工业技术结构的变动，科学研究、教育文化事业的发展，都会影响农村技术结构的变动。此外，城市生活方式、消费结构往往被农村所仿效，例如，电视、电影等都是先在城市普及然后扩展到农村。城市的精神文明也对农村有重要的影响。由于社会主义制度下消灭了剥削，城市工作以为全体人民服务为目标，以城乡共同繁荣为目标，不仅可以建立起合理的城市经济结构，而且可以带动乡村建立起合理的经济结构。

我认为，过去城市作用发挥不够，是同人们对此缺乏认识有关的。社会上长期存在着一种急于缩小城乡差别的主张。马克思主义认为，在共产主义社会是要消灭城乡差别的，但是并不认为可以用限制城市发展的办法来缩小城乡差别，正确的道路应该是充分发挥城市的积极作用来带动农村发展，在城乡共同发展的基础上，逐步缩小和最终消灭城乡差别。这是一个漫长的过程，时间长短在很大程度上决定着城市作用的发挥。大中城市开始引起我们的注意，但同样要注意小城镇的作用，小城镇对农村发展有重要的作用，它能够通过销售农产品，进行农产品加工，给农民提供技术、生产资料和生活资料，促进农业不断发展，并提高农民的收入和生活水平。我国城乡关系要走一条新路，这条新路的特点之一是将出现大量小城镇。

为了发挥城市的作用，我建议制定有科学根据的城市发展规划。城市规划要解决城市发展方向问题，也要处理好城市和周围地区的关系，特别要注意支持农村的问题，大中城市还有个带动小城市的问题，但大中小城市都有带动农村的问题，不能仅就城市谈城市。而不发挥城市对农村的作用，也难以说城市发挥了经济中心的作用。为了处理好城市内部和外部的关系，使城市建设健康发展，还必须给城市必要的自主权。我国很多经济发展较快的城市说明了城市自主权的重要性。给城市必要的自主权是我国经济管理体制改革必须解决的一个问题。

关于沿海城市的经济作用，当时有一种说法，认为实行出口主导型战略是沿海城市经济发展的一般趋势，有些同志主张沿海城市都应该集中主要力量发展对外经济技术交流，以外贸为主攻方向。我不完全同意这种意见。我认为，一般地说，我国除了有些沿海城市是对外的作用更为重要外，多数沿海城市应该在重视发挥对外作用的同时，十分重视发挥对内的作用。沿海城市的发展离不开国内其他地区包括内地的支援，我们积极开展对外经济技术交流，是为了加快整个国民经济发展和现代化的进程。我们不能忽视沿海城市的对外作用，但沿海城市作为经济中心，也担负着支持和帮助周围地区及内地发展经济的责任，包括大力开拓具有10亿人口的国内市场。我国一般沿海城市的经济发展战略可以大致表述为：因地制宜，发挥优势，加快科学技术进步，提高经济效益，走内涵扩大再生产的道路；使本身经济健康迅速地发展，并带动周围地区及内地经济健康迅速地发展；在同内地实行有效经济联合的同时，积极扩大对外经济技术交流，发展对外贸易。

5. 探索城乡工业协调发展问题

从20世纪80年代中期开始，我国乡镇工业异军突起，显示出强大的生命力，发展成为我国国民经济的一支重要力量，同时也产生了与城市工业的诸多矛盾，乡镇工业的发展引起理论界的关注和讨论。许多同志对此持积极肯定的态度，认为它在实现我国农村工业化、城市化、现代化和对整个国民经济发展方面都有极其重要的意义，但也有一些同志对此提出非议，认为乡镇工业的发展是“以小挤大”“以落后挤先进”，与国营大工业“争原料、争市场、争资金”，还挤占了耕地，使年轻有文化的农民离开农业，把“三废”的排放扩散到农村。争论非常激烈，我认为对发展乡镇工业的重大战略意义必须充分肯定，但由此产生的矛盾也要研究解决，使城乡工业能够协调发展，因此我于1992年3月写了

《重视城乡工业关系问题的研究》[1]，提出了以下几点意见。

（1）充分认识城乡工业协调发展的意义，中国工业化长期走的是城市工业化的道路，而工业化既应包括城市工业化，也应包括农村工业化。随着乡镇工业的蓬勃发展，中国开始走上城市工业和农村工业共同发展的道路，这样做才能克服城市先进农村落后的矛盾，使城乡居民共同富裕起来，加快工业现代化和整个国民经济现代化的步伐。

（2）乡镇工业要加快发展。城乡工业协调发展的一个前提是，城市工业和农村工业都有较大的发展，如果只有城市工业而没有农村工业或农村工业很不发达，也就说不上城乡工业协调发展。我国乡镇工业迅速发展以后，城乡工业之间出现了矛盾和摩擦，这才提出城乡工业协调发展的问题。但是，在看到这些矛盾的同时，却不可低估和轻视发展乡镇工业的意义。现在不少地区乡镇工业还没有发展起来，我们应该认真并细致地调查研究有些地区乡镇工业迅速发展的经验，在乡镇工业不发达或欠发达地区因地制宜地推广有普遍意义的经验。

（3）要处理好城乡工业发展中的各种矛盾。现在城乡工业关系方面存在很多矛盾，例如原材料和能源供应的矛盾、商品市场的矛盾、资金来源的矛盾、劳动就业和技术人才使用的矛盾，还有结构速度效率上的矛盾。我们不仅要研究这些矛盾的表现，还要研究产生这些矛盾的原因。城乡工业关系的矛盾不会孤立存在，而是同城乡经济及社会关系中的矛盾联系并交织着，研究城乡工业矛盾时，也要注意研究

① 周叔莲：《中国的现代化和经济改革》，经济管理出版社，1992，第262—264页。

这些更高或更深层次的矛盾，把它们处理好。

（4）促使城乡工业协调发展的基本办法。促使城乡工业协调发展归结起来有两种办法：一种是计划调节，一种是市场调节。现在城乡工业发展不协调的重要原因是缺少一个科学规划来引导，宏观调控和计划工作也有缺点，应加以改进。也应看到城乡工业存在很多矛盾，要靠市场调节来解决。例如，如何按照优化资源配置的要求在城乡工业间合理分配资源，如何使城乡工业企业努力改进经营管理、进行技术创新，如何合理调整城乡工业的产品结构和产业结构等，都有赖于市场机制充分和有效地发挥作用。城乡工业还都面临着深化经济改革，转换企业经营机制的任务。只有使国有企业和乡镇企业都真正成为自主经营、自负盈亏的商品生产者和经营者，并使计划调节和市场调节有机结合起来，才能保证城乡工业健康、迅速和协调地发展。

我还指出："二战"以后，有些资本主义国家在处理城乡工业和城乡关系上取得了成效和经验，研究和借鉴其对我们有用的经验也很有必要。还要在马克思主义的指导下，研究西方经济学关于城乡经济关系的理论。后来我和金碚同志主编了《国外城乡经济关系理论比较研究》[①]一书。此书邀请多位长期研究国外城乡经济关系的专家，分别对城乡间的工农业分工、工业化和城市化、乡村-城市间的人口迁移、乡村非农化、城乡经济一体化、城乡关系与国家政策等专题进行研究。他们的研究成果至今对处理我国城乡工业关系和

① 于1993年在经济管理出版社出版。

城乡经济及社会关系仍有一定的参考价值。

6. 研究新中国成立后城乡关系的演变和城乡协调发展的对策

1993年3月，全国哲学社会科学规划办公室增补了一批“八五”计划重点课题，我承担了其中的“城乡二元经济结构下的经济社会发展问题研究”。之所以要增补这个课题，是因为改革后由于农业快速发展，城乡经济关系比较协调的状况到20世纪80年代中期发生了变化，又出现了不协调现象，90年代初还有加剧的趋势。同时，城乡社会关系不协调的情况也日益显露，需要系统研究，寻找解决办法。为了完成此项研究任务，我邀请10多位专家组成课题组，分别对我国城乡产业结构变动、农业劳动力转移、城乡资本流动、城乡商品流通、城乡居民收入和消费、农村城镇化和城市化、城乡经济组织、城乡社会关系及观念变革、城乡科技进步、城乡教育发展等10个问题进行研究。我们还把中国分为发达地区、中等发达地区、不发达地区三种类型，并选择几个典型省调查研究它们的城乡经济关系。此项研究的最终成果是我和郭克莎同志主编的《中国城乡经济及社会协调发展研究》[①]。在该书导论中，我和郭克莎同志对改革前后我国城乡经济及社会关系的变化和存在的问题作了分析。我们指出：新中国成立后，中国城乡经济发展比新中国成立前明显加快，特别是城市工业取得了很大发展。但是，改革以前，

① 于1996年在经济管理出版社出版。

在片面推行工业化战略和实行城乡分割体制的条件下，中国城乡经济及社会发展一度处于严重的失衡状态，城乡发展水平和速度存在着巨大差别，城乡之间的联系被人为地割断，城乡发展的进程和关系很不协调。改革开放后，中国的城乡经济及社会关系发生了巨大变化，城乡分割和相互封锁的格局被逐步打破，城乡经济及社会发展出现了新局面，推动了国民经济发展。可是在20世纪80年代中期以后，城乡经济及社会发展的主要方面又出现了不协调的状况，这种状况一直持续下来，使城乡发展又陷入了失衡状态，表现为城乡产业发展关系不协调、城乡资源配置关系不协调、城乡收入和消费差距扩大、城市化缓慢、城乡社会关系不协调。针对这种失衡状况，我们提出了促进城乡经济协调发展和社会协调发展的政策建议。

关于促进城乡经济协调发展，我们建议：①加快农业发展速度，协调城乡产业结构。要大力加强农业发展的基础，增加农业的资本投入和科技投入，加强农业基础设施建设。②调节城乡资源流动，提高城乡资源配置效率。要通过有关的宏观政策和改革措施，引导城市的资金、科技和人才较多地流向农村，适当加快农业劳动力向市镇转移。③协调城乡商品流通关系，提高农民的收入水平和消费水平。要进一步改革农副产品的流通体制，尽快建立必要的农副产品流通保护制度，保护农民的利益。还要搞活和协调农业生产资料的流通，保持其价格水平的相对稳定，并尽量减少农民的各种税费负担。④加快农村城市化进程，降低城乡流动人口的比重。现阶段应大力发展小城镇，同时推动各类城市的规模扩张和升级。

关于促进城乡社会协调发展，我们建议，要尽快形成平等对待城市与农村、国有企业与乡镇企业、市民与农民，以及协调处理其关系的城乡新体制。我们认为：①要改革城乡户籍制度。消除城乡户籍差别，使户籍不再与特定的上学、就业以及其他社会福利事业相联系，让城乡居民具有一致的社会身份和相同的待遇。②要进一步打破城乡之间、地区之间的封闭状态，建立统一的城乡大市场，形成平等竞争的环境。③要发展城乡经济联系，发挥城市对农村发展的带动作用。④要建立统一的城乡社会保障体系。在农村逐步建立起新的医疗保险、养老保险制度，将城乡的社会保障制度改革一起推进。⑤要建立协调城乡各阶层关系的新机制。包括完善个人所得税征收制度，建立贫困阶层救济扶持制度，防止社会两极分化和阶层之间矛盾激化。还要大力推动农村教育发展，加强社会道德宣传和教育，促进社会观念变革，尽快提高城乡居民的素质。

进入21世纪以来，我继续关注我国工农关系和城乡关系问题，2002年我发表了《努力增加农民收入》《千方百计扩大就业》等几篇论文，2005年我在《新条件下的中国工业化》[①]中指出：不能仅仅就工业发展研究工业化，而要从整个国民经济着眼研究工业化，尤其要重视工业与农业的关系。我把“统筹城乡经济及社会发展，建设现代化农业，发展农村经济，增加农民收入”作为我国新型工业化道路的重

① 刊登于2005年第16期的《理论前沿》上。

要内容。党的十七大把“统筹城乡发展，推进社会主义新农村建设”作为促进国民经济又好又快发展的重要战略措施，认真贯彻这个战略措施，必将使我国工农关系、城乡关系日趋协调，保证我国社会主义工业化事业胜利实现。

二 经济结构理论研究的回顾和思考

我国系统研究经济结构是从20世纪70年代末80年代初开始的。“文化大革命”的破坏，使我国经济趋于崩溃的边缘，形成了严重失衡、难以持续的畸形经济结构，导致经济效益低，人民生活水平下降。党的十一届三中全会制定了“调整、改革、整顿、提高”的方针。1979年6月，国务院财政经济委员会成立了经济结构调查组，组织了400余位从事实际工作和200余位从事理论工作的同志调查研究经济结

1991年4月在美国波士顿考察

构存在的问题和解决的途径，探讨经济结构的规律性。此项研究不仅对当时调整经济作出了贡献，对后来的经济结构调整优化也有启示作用。我有机会自始至终参加了这项调查研究工作，下面回顾和思考当时着重研究的几个经济结构理论问题，希冀对当前推动经济结构战略性调整有所裨益。

1. 深化对经济结构及比例关系的认识

当时对什么是经济结构有不同的看法。一种意见认为，经济结构指的就是生产关系；另一种意见认为，经济结构只是指生产力结构。这不只是概念争论，而且涉及研究的对象、方法以及对当时的经济结构的认识，因此有必要弄清楚。这两种意见都有一定的根据，马克思说过，“生产关系的总和构成社会的经济结构”，新中国成立后，我们的一项主要任务是变革社会的生产关系，这是前一种意见的根据。而由于过去我们只把经济结构理解为生产关系，把生产力排除在外，因而产生了许多消极后果，对于国民经济各部门的关系缺乏研究，盲目实行“以钢为纲”“以粮为纲”，多次背离了生产力的性质和水平变革生产关系，发生偏差。因此有人强调研究生产力，主张经济结构就是生产力结构。当时我认为，我们正面临着经济体制改革的任务，必须重视生产关系结构的研究，与此同时，也要十分重视生产力结构的研究。由于过去我们忽视了生产力结构的研究，因此当时更要重视。

所以，从实践的需要看，研究经济结构既要研究生产关系结构，也要研究生产力结构。困难在于为此找到理论根据。我长期学习马克思的著作，马克思对资本主义社会的经济结构作了全面的分析，在《资本论》《剩余价值理论》等主要著作中对经济结构作出了全面的说明。我在《资本论》第三卷中读到了这段话:“生产的承担者对自然的关系以及他们相互之间的关系，他们借以进行生产的各种关系的总和，就是从社会经济结构方面来看的社会。”马克思说的生产者“相互之间的关系”，指的是生产关系；说的“生产的承担者对自然的关系”，指的是生产力。这里马克思把经济结构既理解为生产关系结构，又理解为生产力结构。这种看法克服了以上两种意见的片面性，把它们统一起来了，也为我们正确认识经济结构的内涵找到了理论依据。

当时对经济结构和经济比例的关系也有不同的看法。一种意见认为，经济结构就是经济比例；另一种意见认为，经济结构和经济比例既有联系，也有区别。通过讨论，多数同志同意后一种意见，并从多方面说明了这个问题。首先，经济比例是一种量的关系，而经济结构既包括量的关系，也包括质的关系；其次，经济结构所研究的问题，有许多是经济比例问题，也有许多不是经济比例问题；再次，当时面临的调整国民经济结构的任务，不仅要解决比例失调问题，而且要建立合理的经济结构；最后，经济结构和经济比例的变动也不是完全一致的，同样类型的经济结构常常表现为各种不同的比例关系。而且，结构和系统这两个概念是联系着的。现代科学常常把作为研究对象的客体看成一个系统。所谓结构，就是组成系统的诸要素相互联系、相互作用的形式和方式。我们有时把结构理解为构成，严格来说，结构和构成是有区别的，构成是表示静态的概念，而结构则是表示动态的概念。由于系统内部诸要素的相互作用，系统及其构成是不断发展变化的。所以，人们一般用结构来表示组成系统的诸要素及其相互关系。因此，国民经济是一个大系统，经济结构就是国民经济诸要素相互联系、相互作用的内在形式和方式。具体来讲，经济结构的内涵包括：国民经济的组成要素及这些要素的性质和特点；国民经济诸要素的相互依赖关系和相互联系的方式，包括它们的比例关系；国民经济诸要素的相互作用；国民经济诸要素及其相互关系的发展变化。

这次调查研究结束后，马洪、孙尚清主编了《中国经济结构问题研究》一书。该书有中文、英文、日文、俄文等多种版本，是改革开放后第一本比较全面向国外介绍中国经济结构的专著。该书就是按照以上看法设计撰写的，以后理论界以及文件中讲的经济结构，具体内容有发展，但大体包括这里讲的经济结构的内涵。

也有同志在研究经济结构问题时有意无意地只讲生产力结构，忽视生产关系结构，或者把生产关系结构看作经济结构范围以外的问题。我认为这样做是不全面的。理论和实践都已充分表明，经济结构既包括生产力结构，也包括生产关系结构。合理的经济结构既要有合理的生产力结构，也要有合理的生产关系结构，而且生产关系（包括经济体制）结构起着决定作用。在调整优化经济结构中，忽视生产力结构的调整和忽视生产关系结构的调整都是不可取的。

2. 认识经济结构和经济增长的辩证关系

关于经济结构和经济增长的关系，改革之前主要是讨论比例和速度的关系。“一五”时期比较重视比例，强调搞好综合平衡。1958年以后，为了对“大跃进”进行论证和辩护，主流意见认为“比例关系必须服从于最迅速地发展生产力的要求，即高速度的要求”，导致国民经济严重失衡。党的十一届三中全会以后，结合调整国民经济的要求，经济学界开始系统研究经济结构问题，对经济结构和经济增长的关系产生了争论。一种意见认为，经济结构和经济增长是相互制约、相互决定的；另一种意见认为，经济结构决定经济增长，不同意经济增长决定经济结构。后来通过了解国外经济结构演变的历史和展开讨论，明确了经济结构和经济增长的辩证关系，即经济增长是经济结构变动的基础，经济结构对经济增长有重要的制约作用。

从人类社会历史的发展过程来看，经济结构是随着经济增长而变动的。在资本主义社会以前的漫长年代里，生产力极其落后，经济增长十分缓慢，经济结构的变动也很慢。从资本主义社会开始，随着经济增长的加速，经济结构的变动也加速了。在现代经济增长过程中，经济结构的变动有一个明显的趋向，就是在国民生产总值和劳动就业中，农业所占的比重越来越少，工业的比重先增长后减少，服务行业的比重越来越大。一二三产业的变动也有类似的情况。

经济结构和经济增长的这种联系不是偶然的。第一，农业、工业、服务业比重的变动是经济增长的结果。经济发达国家农业劳动力向其他部门转移是在农业生产增长和农业劳动生产率提高的基础上进行的。工业比重的变动也和经济增长有内在的联系。由于工业、农业生产部门的劳动生产率大大提高，才可以有越来越多的劳动力转向服务行业。第二，积累和消费的关系也受经济增长的制约。随着经济增长，在国民收入增加的基础上，才有可能增加积累。第三，在经济发展的基础上居民收入水平提高了，消费结构随着也发生变化。第四，所有制结构也是随着经济增长发生变化的。出于这些原因，经济增长对部门结构、就业结构、分配结构、消费结构以及所有制结构等都有重要的甚至决定性的影响。

经济结构对经济增长也有多方面的影响和重要的制约作用。经济结构主要通过影响两大部类之间的比例关系、影响两大部类内部的比例关系、影响一二三产业之间的关系、影响生产过程和流通过程、影响生产资料和劳动力的充分利用、影响科学技术的发展、影响经济效果、影响生产目的的实现等方面影响和制约经济增长。我们过去忽视了经济结构对经济增长的影响，导致种种消极后果。

所谓经济增长是经济结构的基础，是指历史上经济结构随着经济增长而变动的长期趋势，并不意味着经济结构仅仅由经济增长决定，也不意味着经济结构对经济增长没有制约作用，更不意味着可以不顾经济结构和经济比例的状况任意决定增长速度。过去在计划工作中主张比例要服从速度，并且认为速度越快越好，这是“左”倾指导思想的表现，已被实践证明是错误的。

经济结构和经济增长的关系问题，是社会主义现代化过程中要经常处理好的一个重要问题。各个阶段的问题有共同性，又有特殊性。21世纪的第二个10年，我们面临着增长阶段由高速增长向中速增长的转换。因此，应该着力研究和处理好增长速度转换过程中推进经济结构战略性调整和加快完善社会主义市场经济体制的关系。中速增长是由经济结构、增长动力和发展方式等因素决定的，符合这一时期的潜在增长率，在国际上也是不低甚至是相当高的增长速度。过去我国调整经济结构进度缓慢，一个重要原因是追求过高的速度，领导精力几乎都用于抓速度，虽然也强调要调结构转方式，但实际上还是放松了这些工作。应该利用增长阶段由高速增长向中速增长转换的机会，认真研究和吸取国内外调整经济结构的历史经验，处理好经济结构和经济增长的关系，努力完成推进经济结构战略性调整的任务。

3. 研究经济结构和经济效果的关系

提高经济效果是我国经济发展的一个关键问题。“大跃进”和“文化大革命”使我国的经济效果大大降低了。“文化大革命”结束时经济效果差的主要表现是：生产中消耗大，浪费严重，这就必然导致消耗增大，成本增加，利润减少；产品质量差，有的甚至是废品，造成产品大量积压；流通过程迟缓，物资积压严重，资金占用多，长期积压还使有的产品完全失去使用价值；基本建设投资效果差。“一五”以后，工程造价成倍地增加，建设周期也成倍增长。每增加1元国民收入需要的投资额，“四五”时期比“一五”时期增加1倍以上。

《中国经济结构问题研究》曾分析了我国经济结构不合理的情况，认为这必然导致经济效果下降。经济效果下降的原因当然是多方面的，但经济结构不合理是其中的重要原因。“一五”时期积累率和建设规模比较合理，经济效果也较好。“二五”和“三五”时期，积累率过高和建设规模过大，导致经济效果也下降很多，这不是偶然的。因为，建设规模超过了国家可能提供的财力、物力和人力，必然使这些项目不能及时得到所需的资金、设备、材料和劳动力，从而延长工期，增加造价，使许多项目不能及时建成。建设规模过大还会损害原有企业的生产，这就是扩大再生产挤掉简单再生产，结果造成两败俱伤。过分突出重工业和忽视轻工业，以及农业结构不合理，也导致经济效果下降。

我国经济结构不合理是和盲目追求高速度联系在一起的，研究我国经济结构和经济效果的关系，也就是要研究经济增长、经济结构和经济效果三者的关系。研究结果表明，增长速度快，经济效果未必一定好，盲目追求高速度必然导致经济效果下降。盲目追求高速度的结果，一是工业挤农业。过去错误地把经济增长看成主要是工业增长，因而忽视农业，甚至以牺牲农业来发展工业。而在农业大国的中国，不处理好农业和工业的关系，使农业迅速发展起来，是很难使国民经济健康发展的，也难以提升经济效果。二是重工业挤轻工业。这不仅使人民的生活水平难以提高，而且降低了经济效果。三是基本建设挤生产和维修。我国曾多次出现基本建设投资过多，基本建设规模恶性膨胀，导致经济大上大下，影响经济效果。四是积累挤消费。由于积累率过高，积累的经济效果反而下降，并使整个经济效果下降。由上可知，盲目追求高速度导致经济效果下降，从根本上说，是违背了国民经济按比例发展的要求，从而破坏了合理的经济结构或加剧了经济结构的不合理，造成国民经济比例严重失调。

经济学界提出要用实践来检验我国传统的经济增长理论，探讨了所谓的社会主义经济高速度发展规律。我国经济学书籍中曾充满了社会主义经济高速度发展规律的理论，认为社会主义制度下存在着国民经济全面的、综合的、连续不断的高速度发展规律。这是盲目追求高速度的理论依据。如果将经济规律按马克思主义来理解，那么不能不承认，这些书籍所说的那种社会主义经济高速度发展规律似乎还不存在。列宁曾说，规律是“本质的现象”“本质的关系”。现在社会主义制度和经济全面地、不断地高速度发展之间还不存在“本质的关系”即必然的联系，或者说，社会主义制度下还不存在经济全面地、不断地高速度发展这种“本质的现象”。在任何社会制度下，经济增长速度都决定于生产力诸要素的数量、质量和利用情况，例如，决定于积累和积累的作用，决定于劳动力数量的增长和质量的提高，决定于科学技术的发展和管理水平的提高，等等。总结过去的经验教训，今后经济建设中决不应该再把增长速度放在第一位，而应该切实重视经济效果并把它放在重要的地位上。要根据取得最佳经济效果的要求来确定合理的增长速度，而不应该用降低经济效果作为代价来取得所谓的高速度。宁肯增长速度慢些，也要经济效果好些。经济学界还开始把经济增长、经济结构、经济体制、经济管理、经济效果等结合起来研究解决问题。

经济效果差是我国国民经济的痼疾。为了从根本上解决这个问题，1995年党的十四届五中全会通过的《中共中央关于制定国民经济和社会发展“九五”计划和2010年远景目标的建议》中提出，要“积极推进经济增长方式转变，把提高经济效益作为经济工作的中心。实现经济增长方式从粗放型向集约型转变”，并提出要实现经济体制和经济增长方式的“两个具有全局意义的根本转变”“向结构优化要效益，向规模经济要效益，向科技进步要效益，向科学管理要效益”。党的十七大提出要“加快经济发展方式转变”。经济发展方式除了包括经济增长方式的内容，还包括产业结构、收入分配、基本经济制度、居民生活以及城乡结构、区域结构、资源利用、生态环境等方面的内容。转变经济发展方式既要求从粗放型增长转变为集约型增长，把提高经济效益作为经济工作的中心，又要求克服经济发展中不协调、不平衡、不可持续的突出问题，实现经济全面协调可持续发展。所以，党的十八大把推进经济结构战略性调整作为转变经济发展方式的主攻方向。

4. 探索经济结构合理化的标志和途径

1979年底开始的经济结构调查研究，直接目的是改变不合理的经济结构，实现我国经济结构的合理化。经济学界为此讨论了经济结构合理化的标志和怎样实现经济结构合理化。通过讨论，认为合理化的经济结构至少应该具有四个主要标志：第一，有合适的所有制结构，即所有制结构适合于生产力状况；第二，社会扩大再生产能够顺利进行，其前提是处理好两大部类的关系，同时，不仅要有合理的生产结构，还要有合理的流通结构；第三，生产力诸要素得到充分和有效的利用，包括合理利用人力、物力、财力和自然资源，用尽可能少的劳动消耗取得尽可能好的经济效果；第四，人民生活得到较快改善，这是经济结构合理与否的一个综合性标志。具备上述四个标志，意味着它是良性循环的经济结构。首先是生产力和生产关系的良性循环；其次是国民经济各部门之间的良性循环；再次是生产力中人的要素和物的要素之间的良性循环，生产力和自然条件之间的良性循环；最后是生产和生活、积累和消费之间的良性循环。这样的经济结构就有可能保证整个国民经济持续健康发展。

对于当时怎样实现我国经济结构合理化的问题，概括起来有以下几点意见：第一，正确处理生产关系中存在的问题。要继续改革国营经济管理体制，做到在社会主义公有制为主体的前提下，允许多种经济成分和多种经营方式存在。第二，正确处理国民经济各部门的关系问题，包括处理好农轻重关系，解决好能源问题，搞好基础设施建设。第三，正确处理劳动力、技术和自然资源的关系问题。要广开就业门路，建立合理的技术结构，发挥地方优势，化解地区封闭的矛盾。第四，正确处理生产和生活的关系问题，从多方面设法改善人民的生活。

讨论中还强调，合理化的经济结构是一个相对概念，在不同的生产力状况下有不同的要求，在实现现代化的过程中，建立一个比较合理的经济结构也是可能的。为了建立合理化的经济结构，还必须研究和借鉴其他国家尤其是一些资本主义发达国家的经验。由于资本主义发达国家现代化的历史较长，目前的技术水平也较高，因此可以从这些国家经济结构的演变中学会掌握社会化大生产条件下经济结构演变的规律。还可以学习这些国家处理产业结构、技术结构、生产和消费结构、就业结构的经验。例如，这些国家从轻工业开始工业化，既有利于解决资金、技术等问题，又促进了农业和重工业发展。后来又由优先发展轻工业转向优先发展重工业，用重工业带动轻工业和农业。到具备必要的条件时，又因地制宜地实现农业现代化。这些国家重视发展服务业，使一二三产业比较协调地发展。再如，重视处理生产和消费的关系，最明显的是日本1960年制订的“国民收入倍增计划”。其提出“10年后按人口平均计算的国民收入提高1倍”，计划中专门有一篇讲“国民生活前景”，给人们看得见的物质利益。这个计划对于激发日本人民的劳动积极性起了一定作用，使计划得以提前完成。这些国家研究经济结构的方法也值得我们学习。他们把产业分为第一产业、第二产业、第三产业，把生产分为劳动密集型、资金密集型、知识密集型，收集整理了大量资料，这种方法和得出的某些结论都有参考价值，是掌握经济结构演变规律、建立合理经济结构所必需的。

研究经济结构有六项具体任务。一是弄清楚什么是合理的经济结构，二是总结我国处理经济结构的经验教训，三是总结外国处理经济结构的经验教训，四是掌握经济结构的演变规律，五是制定正确的社会经济发展战略，六是建设一门经济结构科学。制定和实施正确的社会经济发展战略是实现经济结构合理化的必要条件，因此也要把经济结构和经济发展战略结合起来研究。要以马克思主义为指导思想，在掌握国情的基础上，制订有科学依据的计划和规划。不仅要有年度计划、五年计划，而且要有更长时期的规划。因为改善经济结构是一个长期的、连续性的任务。不仅要有一个经济规划，而且要有一个科技、社会规划，使之同步配套，形成合力。

我国在制定和实行经济发展战略方面有着丰富的经验教训。“一五”时期的战略目标和战略措施，是在马克思主义的指导下经过周密的调查研究制定的，比较符合我国的国情，贯彻执行得到了显著的成效。但是从1958年开始，我国在战略思想上发生了转变，战略目标和战略措施都犯了错误。例如，“搞高指标”“刮共产风”等，使“二五”时期经济发展受到严重挫折。长期以来，我国经济发展有两种完全不同的战略思想：一种是“持久战”，一种是“速成论”。这两种思想都经过不止一次的实践，实践证明“持久战”是切合我国国情的，而“速成论”则不符合国情。为了正确制定和实行经济发展战略，要认真总结历史经验，同时要很好地研究和借鉴外国的某些经验，从中国的实际出发，正确处理经济效果、发展速度、经济结构之间的关系，国民经济各个部门之间的关系，各种所有制之间的关系，积累和消费之间的关系，等等。在我国社会主义经济建设中，要树立“持久战”的战略思想，反对“速成论”，避免或少犯错误。

合理的经济结构是相对于一定的时间、地点条件而言的。我国现在的状况和20世纪80年代初相比已发生了根本变化，当时是解决温饱问题，现在已进入全面建成小康社会的新阶段，调整经济结构的任务更宏伟也更艰巨了，有不少困难，也有很多有利条件。最有利的条件是科学发展观已成为党的指导思想，我国经济发展和经济结构调整有了更加全面、更加正确的思想武器。科学发展观总结了我国的发展经验，也总结了其他国家的发展经验，是发展理论的科学总结和最新发展。它的第一要义是发展，核心是以人为本，基本要求是全面协调可持续，根本方法是统筹兼顾。

三 对国有企业[①]改革的研究

“文化大革命”后期，我从经济研究所借调到国家建委工作，在调查研究中了解到国有企业中存在的问题。粉碎“四人帮”后，1977年下半年到1978年上半年，我参加了国家计委组织的调查组到大庆油田进行调查，从政治经济学的角度总结大庆经验。1978年下半年，我开始研究国有企业改革问题，此后也一直跟踪研究。我将国有企业改革和经济体制改革结合起来研究，把改革实践和改革理论结合起来研究，主要做了以下几方面的工作。

1. 率先提出国有企业自主经营、自负盈亏

我国的国有企业改革，是从1978年10月四川省选择宁江

① 文内“国有企业”“国营企业”混用，按编校规范的年限进行统划又与原文有出入，为尊重原著，对原文混用予以保留。

机床厂等6家企业进行扩大企业自主权的试点开始的。党的十一届三中全会召开以后，国家经委等6个部门又在北京、上海等城市选择首都钢铁公司等8家企业进行扩大企业自主权的试点。试点得到了许多企业和广大职工的拥护。国有企业改革的普遍开展，给理论界提出了许多必须研究和回答的问题。例如，传统经济理论提出：国营企业是最成熟、最彻底的社会主义生产关系，为什么这种生产关系需要改革？经济改革包括多方面的内容，企业改革在经济改革中处于什么样的地位？国有企业改革除了扩权让利外，还应包括哪些内容？怎样才能处理好国有企业改革和发展多种经济成分的关系？等等。在当时，研究这些问题首先需要解放思想，也需要认真进行调查研究，包括实事求是地总结我们的实践经验和国外的实践经验。

在粉碎“四人帮”后，我和吴敬琏、汪海波合写了一系列拨乱反正的文章，其中有不少涉及企业问题。后来，我们又合写了多篇研究国有企业改革的论文。在这些论文中，我们研究了企业理论，根据现代企业的特征及其在国民经济中的地位和作用，提出和论证了国有企业必须实行自主经营、自负盈亏，并说明了改革实践提出的其他一些理论问题。

我们认为，国有企业改革在经济改革中的地位是由企业在国民经济中的地位决定的。我们在合写的第一篇主张国有企业改革的论文中指出：企业再生产是整个社会再生产的基础。在现代生产中，企业地位十分重要。第一，现代工业、农业分成许多专业程度很高的部门，一般化的领导已经不能适应高度专业化生产的要求，必须使各企业能够根据本单位生产的特点，自觉运用科学技术组织生产；第二，现代工厂内部也有十分复杂的分工，这就要求企业精密地组织各个环节和各个工种之间的协作，并随时调整，以消除不协调的因素；第三，现代技术发展十分迅速，产品设计和生产工艺日新月异，如果企业不作创造性的改变，就只能循着相沿成习的旧规行事，势必落后于时代。这种情况表明，不充分调动企业的主动性、创造性，社会主义国民经济就不可能迅速发展。而我国国有企业没有自主性和独立性，事无巨细都要向上级机关请示。因此，实行国有企业改革，发挥企业的主动性和积极性，就成为一个突出问题，甚至可以说是社会主义经济体制改革的关键问题①。

我们在向1979年无锡召开的社会主义经济中价值规律问题研讨会提交的论文《价值规律和社会主义企业的自动调节》中指出，我国改革前的国有企业制度是以在斯大林指导下编写的苏联《政治经济学教科书》为理论根据的。该书对社会主义国有企业的特点是这样规定的：第一，国营企业中的社会主义生产关系是最成熟、最彻底的；第二，国营企业的产品是社会主义国家的财产，是按照国家机关规定的手续和价格实现的；第三，在全民所有的国营企业中，归工人消费的那一部分社会产品，以工资形式付给工人，国家预先规定单位产品或单位工时的劳动报酬的固定标准；第四，社会主义国家直接领导属于国家的企业，由自己的代表，即有关的国家机关任免的企业经理管理这些企业。这里既否定了企业应该有自己的利益，也否定了企业应该有自己的权力，还

① 周叔莲、吴敬琏、汪海波：《充分发挥企业的主动性》，《人民日报》1978年12月31日第3版。

否定了企业应该发扬民主，不让职工群众参与企业管理。苏联《政治经济学教科书》的观点一直统治着我们的理论和实践。我们指出：为了推进改革，必须解放思想，认真清理和批判片面甚至错误的理论观点，扫清改革的思想障碍。

在由我执笔、与吴敬琏合写的《政治经济学应该重视企业问题的研究》[①]中，我们强调一定要重视和加强企业理论问题的研究。该论文指出：企业是生产的基本单位，企业是否发挥积极性，对社会主义经济能否迅速发展影响极大。充分发挥企业的积极性，既要研究解决许多实际问题，也要研究解决许多理论问题。过去我们对企业的理论问题重视得很不够，没有让企业问题在政治经济学中占有应有的地位。其原因，一是对政治经济学的对象理解得过于狭隘，认为企业问题就是企业管理问题，企业管理不属于生产关系，不是政治经济学的研究对象；二是对社会主义生产关系理解得非常片面，机械地理解全民所有制经济在全社会范围内组织生产和进行分配，认为企业的地位、作用等问题是无关紧要的；三是思想不够解放，没有把理论和实践结合起来，没有把实践作为检验真理的唯一标准。我们呼吁要提高企业问题在政治经济学中的地位，加强对企业问题的研究，掌握企业发展的规律，保证经济改革顺利进行。

怎样才能发挥企业的主动性呢？我们认为，一要承认企业的独立性，适当扩大企业权力。包括扩大企业安排经济活动、财务管理、确定工资和奖金以及外贸等方面的权力。

---

① 刊登于1979年第3期的《经济学动态》上。

二要给企业必要的利益，实行企业自负盈亏。传统观点认为社会主义国有企业不能自负盈亏，一提自负盈亏就说是私有制或者资本主义。这种观点没有分清各种自负盈亏的本质区别。三要发扬民主，保证职工当家做主的权利，所有企业的重大问题都要经职工代表大会或职工大会讨论。我们还认为，只有充分发挥价值规律的作用，才能使社会主义企业时时刻刻发挥主动性，努力发展社会主义生产，满足整个社会及其成员的需要，这样才能真正发挥社会主义制度的优越性。我们指出："这里首先有一个所谓社会主义的问题。事实证明，我们过去对社会主义生产关系的理解，并不都是正确的；按照这个理解建立的社会主义经济体制，往往并不完全符合社会主义原则。"例如，斯大林认为社会主义全民所有制内部流通的产品只具有商品的外壳，实质上已经不是商品，因而强调限制价值规律的作用，就不利于发挥企业的主动性和社会主义的优越性。我们还提出，要在商品交换基础上建立企业之间的关系，"充分发挥价值规律的作用，实现企业的自动调节"，并提出了价值规律发挥积极作用、实现企业自动调节的机制设想①。

关于经济改革和企业改革怎样进行，当时有许多不同意见。有人主张立即废除国家所有制，主要发挥个体经济、资本主义经济的作用。我们赞成在公有制为主体的情况下允许各种经济成分存在，但不赞成这些人的主张。我在《建立合

① 周叔莲、吴敬琏、汪海波：《价值规律和社会主义企业的自动调节》，《经济研究》1979年4月专刊。

适的经济形式是实现四个现代化的要求》[1]中指出："现在我们的生产力状况仍存在两个明显的特点，一是很不发达，二是很不平衡。客观状况决定了我们要在社会主义公有制占绝对优势的条件下，允许多种经济成分、多种经营方式存在。"我们认为：研究所有制问题必须从实际出发。当前的实际是，社会主义经济是我国国民经济的主体，国营经济又占主导地位。无论是发展经济，还是调整所有制，进行经济改革，首先都要高度重视发挥国有经济的作用；即使就发挥个体经济和资本主义经济的作用来说，也要以发挥社会主义国有经济的作用为前提。经济改革和企业改革的目的是发挥社会主义优越性，所以我们还是应该把改革的重点放在国有企业的改革上，研究的重点也应该如此[2]。

在改革初期，对于如何扩大企业自主权也有争议。有不赞成的，也有主张尽快扩大的，还有认为国有企业很快就能实行自负盈亏的。我在《扩大企业自主权要有计划有步骤地进行》[3]中指出：扩大企业自主权必须考虑到各种主客观条件，有计划有步骤地进行。这些条件包括国民经济结构的状况、国家经济领导机关的管理能力、企业的经验管理水平及人们对这个问题的认同程度。扩大企业自主权要努力避免盲目性和带来消极后果。我还指出，国营企业自负盈亏是作为一种改革的长远目标提出来的，并不是说目前就能实行。

---

① 刊登于1981年第3期的《中国经济问题》上。

② 周叔莲、吴敬琏、汪海波：《关于社会主义全民所有制经济的几个问题》，《求索》1981年第4期。

③ 刊登于1982年8月23日的《人民日报》上。

2001年3月3日出席中国人民政治协商会议第九届全国委员会第四次会议

“事实上，现在绝大多数国营企业因为外部原因是难以实行自负盈亏的。”当时有些同志认为国营企业盈亏责任制或盈亏包干的办法比国营企业自负盈亏的办法更好，我分析了盈亏责任制或盈亏包干和自负盈亏的联系和区别，提出盈亏责任制或盈亏包干是改革过程中可以实行的一种办法，但企业改革的目标应该是自主经营、自负盈亏①。以后的实践表明，只有在建立了社会主义市场经济体制和现代企业制度之后，国有企业才有可能真正实行自主经营、自负盈亏。

2. 研究国有企业改革的目标

我国国有企业改革是从扩大企业自主权开始的，在一段时间内都没有明确的改革目标。1984年，党的十二届三中全

---

① 周叔莲：《计划经济与商品生产》，载《论经济管理》，山西人民出版社，1983，第20—59页。

会通过的《中共中央关于经济体制改革的决定》提出，要建立自觉运用价值规律的计划体制，发展社会主义商品经济，并指出增强企业活力是经济体制改革的中心环节，所有权同经营权可以适当分开，要使企业真正成为相对独立的经济实体，成为自主经营、自负盈亏的社会主义商品生产者和经营者，具有自我改造和自我发展的能力，成为具有一定权利和义务的法人。从此我国国有企业进入了一个新阶段。从1986年开始，国有企业普遍实行企业承包经营责任制，直到党的十四届三中全会提出建立现代企业制度为止。这期间经济界对企业承包经营责任制的评价分歧很大，并引发了对国有企业改革目标的讨论。

从企业承包经营责任制开始实行时就有很不相同甚至截然对立的看法，有的同志把它看作权宜之计，有的同志把它看成国有企业改革的目标模式，我不赞成这些意见。在《论完善承包经营责任制》①等论文中，我指出，为了正确认识企业承包经营责任制，需要同传统体制下的企业制度、同实行承包经营责任制以前的企业制度以及同作为改革目标模式的企业制度进行比较。同以前的企业制度比较，承包经营责任制有其优点。例如，可以把国家规定的企业自主权落实下来，可以改善企业的动力机制，可以硬化企业预算约束，可以改善企业自我积累、自我发展的能力，可以保证国家财政收入。但是，实行承包经营责任制的企业仍在相当程度上隶属于政府机构，企业经营管理权仍受到很大限制，也不能

① 刊登于1988年第1期的《当代财经》上。

完全实现自负盈亏，不能做到主要由市场来引导。我对承包经营责任制的矛盾进行了分析。我认为，承包经营责任制的主要矛盾是政企开始分开但又没有完全分开。完善承包经营责任制的任务，归结起来就是促进政企进一步分开，最终使它们完全分开。我还认为，对承包经营责任制作用的认识同对它主要矛盾的认识有关，有的同志认为承包经营责任制可以促进政企分开，有的同志则认为承包经营责任制加强了政企合一，即加强了政府机关对于企业的干预。尽管与传统体制相比，承包经营责任制使政企开始分开了，但利用承包经营责任制加强政企合一的情况也是有可能出现的。由于承包经营责任制存在着上述主要矛盾，所以人们既可以利用承包经营责任制来促使政企进一步分开，也可以利用承包经营责任制来延缓甚至阻挠政企进一步分开。这两种可能性都存在着，要力争实现前一种可能，阻止和克服后一种可能。政企分开是经济改革的必然趋势，而真正实现这种趋势则还要有正确的指导思想和正确的政策措施。我的认识是，承包经营责任制既不是权宜之计，也不是改革的目标模式。我们要在一定时期内努力完善承包经营责任制，为进一步深化改革创造条件。

当时也有主张实行股份制的观点。1987年10月，国家体改委和世界银行在北京召开了企业机制改革国际研讨会，世界银行提交的研究报告《中国：国有企业管理与组织，改革的问题与方案》建议中国实行股份公司制。报告说：股份有限责任公司具有一些特征，使得所有权和经营权的分离不会导致失控。在企业破产的情况下，所有者只需要承担相当于其最初投资金额的损失。他还可以通过正规的控制体系监督管理人员的行为。这样，这种所有者（股东）向管理人员“放手”的办法便应运而生。最重要的控制机制包括：股东年度大会，所有者任命有见识的董事会来指导和监督管理人员；使管理人员的收入和企业的长期行为挂钩；任命外部审计师；股东可以随时出售其所持股票。虽然所有权和经营权已经发生了根本性的变化，但股份公司却一直极其顺利地运行着或者至少优于其他组织大型工商活动的模式。取得巨大成功的一个原因是股份公司的灵活性：它可以适应私有、国有或两者兼而有之的混合所有制。它允许企业迅速发展以及根据技术发展和市场情况，通过兼并、收购和退出来调整其业务。

报告指出：国有企业经营状况不如其相应的私有企业，一个主要的原因就是缺乏一种适当调节政府与国有企业管理人员之间关系的控制体系。这往往导致目标的分散和相互矛盾、对企业管理人员的过多的政治干预以及管理自主权和责任的局限性。管理人员常常更像政府官员而不像企业家。在这种环境下，就业、投资和价格决策往往不考虑资金效果。许多国家的经验表明，国有企业采取股份公司的形式与采用政府部门管理方式相比，效果更好。

报告还认为：在各种组织结构和所有制中，董事会已经成为对管理层实行战略指导和行为控制的主要手段。而在中国的企业中，董事会的这种协调和战略作用几乎不存在。报告建议中国国有企业应该考虑建立董事会的问题。董事会可以成为控制自负盈亏、自主经营的国有企业的有效工具，但它不是万能药方。董事会常常或者是由于没有充分的权力而无法有效地控制企业管理层，或者由于某种政治机构绕过董事会直接干预企业而使其丧失作用。

报告还指出：近几年来，在国有企业采取股份公司这种法律形式方面，中国进行了一些试点。然而，在许多试点中，股份公司的一些最有效的要素被遗漏了，如忽视促使所有权与经营权分离的控制体系。许多试点并没有建立董事会，或者没有设立供所有者议事（如任免董事会、批准会计报表和企业行为等）的正式场所（如年度大会）。在许多情况下，并没有理顺企业的所有权和控制权的关系。关于股份制在社会主义经济中的作用，中国一直存在争议，许多地方官员和行业管理人员不敢接受股份制和以股份制模式进行企业改造。许多人仍然错误地将股份制与财产私有制和资本主义经济等同起来，不愿考虑使用股份制来解决国有财产的问题。而股份制并不是任何一个经济制度所固有的，它只是为协调和平衡所有者与经营者两者相互矛盾的利益提供了一种机构组织方式，它适用于任何一种经济体系。

这份研究报告曾经给我留下了深刻的印象，我在《把改革和管理结合起来——记北京“企业机制改革国际研讨会”》[①]中介绍了报告的主要内容。

20世纪80年代和90年代初，对于国有企业的改革目标有着尖锐的争论。例如，有人说：“国家不管理国有经济，不继续介入国营大中型企业的经营管理是不行的。”有人说：

① 刊登于1988年第1期的《工业经济管理丛刊》上。

"国有企业只能实行盈亏责任制，不能实行自负盈亏。"还有人认为："社会主义国家具有经济职能，政府必须管理企业，因此不能实行政企分开。"我在《论社会主义企业改革的目标模式》[①]《关于国有企业改革的几个争论问题》[②]等论文中，对这些意见进行了剖析，指出社会主义国有企业作为商品生产者和经营者，应该具有各个社会商品生产者和经营者共同的特征。包括：①企业自主经营；②企业自负盈亏；③企业有扩大再生产的自主权和能力；④政企职责分开。我指出，"在商品经济体制下，除了一些特殊企业，国有企业一般是可能实行自负盈亏的。这里的一个重要条件是某一个企业的财产应和其他企业以及国家的其他财产严格分开"，也就是说，企业作为法人要有自己的财产权。

当时国有企业开始向着商品生产者和经营者转变，但距离真正的商品生产者和经营者还很远。为了克服企业成为商品生产者和经营者的困难，我提出应该做到以下几点：第一，要认识困难，尤其要认识实现自主经营、自负盈亏、政企分开，形成市场体系，实行价格改革等方面的困难。第二，要把改革看成一个系统，经济改革要和政治体制改革结合起来。有些改革独立性较强，可以进行得早一些或迟一些，如社会保障制度改革可以适当提前。第三，要把经济改革和经济发展结合起来。改革是为了发展，不能为改革而改革，不能脱离发展搞改革。第四，要坚持改革深化论和改革

① 刊登于1986年第11期的《经济管理》上。

② 刊登于1991年第5期的《中国工业经济研究》上。

阶段论的结合[1]。

联系国有企业改革目标问题，我在《社会主义国有企业模式的演进与比较》[2]一文中研究了社会主义国有企业演变的过程和发展趋势，提出了社会主义国有企业五种理论模式的观点。我认为，根据我国和其他社会主义国家国有企业制度的演变和企业改革的经验，可以把社会主义国有企业概括为五种理论模式：第一种，实行供给制的企业模式；第二种，实行经济核算制的企业模式；第三种，有简单再生产自主权的企业模式；第四种，有经营权的企业模式；第五种，有法人所有权（法人财产权）的企业模式。

第一种模式是马克思主义经典作家设想过的企业模式，他们曾经把整个社会设想为一个大工厂。这样企业就类似一个车间，用产品分配来代替产品交换，对企业实行供给制的管理办法。这种模式在俄国战时共产主义时期实行过，在我国革命根据地也实行过。第二种模式在斯大林主持下编写的《政治经济学教科书》中有完整的表述，即企业不仅归国家所有，而且由国家经营，实行经济核算制度。它是苏联和我国以及其他一些社会主义国家改革前实行的模式。第三种模式是孙冶方在20世纪60年代提出的模式。他把资金价值量的简单再生产和扩大再生产作为划分企业和国家职权的界限，主张企业有资金价值量简单再生产的自主权。第四种模式是《中共中央关于经济体制改革的决定》中肯定的模式，其理

① 周叔莲：《我对国有企业改革的看法》，载何伟、魏杰主编《中国著名经济学家论改革》，北京出版社，1992。

② 刊登于1988年第6期的《改革》上。

论根据是所有权和经营权可以适当分离，国家掌握所有权，企业掌握经营权。第五种模式主张企业不仅有经营权，而且有法人所有权，国家则保留最终所有权。

以上五种理论模式，反映了社会主义国有企业发展成为真正企业的过程。所谓真正的企业，是指作为商品生产者和经营者的企业。如果企业不是商品生产者和经营者，它只能起生产单位（例如班组、车间）的作用，而不能起企业的作用。第一种模式的企业显然不是企业，第二种模式和第三种模式的企业也不是真正的企业。在第二种模式的情况下，虽然也存在商品生产和商品交换，但由于实行统收统支、统销统购，企业是上级机关的附属物，因此并非商品生产者和经营者。第三种模式不认为社会主义经济是商品经济，因此也不是按照商品生产者和经营者的要求来设计企业模式的。只有第四种模式和第五种模式，才要求企业成为商品生产者和经营者进而成为真正的企业。

当时，我把五种国有企业模式称为“理论模式”，是为了从理论上分析我国国有企业改革的过程。事实上，1978年改革前我们已经处于第二种模式。从改革开始到党的十二届三中全会，改革是从第二种模式转变为第三种模式。从党的十二届三中全会到党的十四届三中全会，改革是从第三种模式转变为第四种模式。因此当我提出这个理论时，它们都已经不是理论模式而是现实模式了。不过，当时第五种模式还只是理论模式。党的十四届三中全会提出建立现代企业制度，我国国有企业就开始由第四种模式向第五种模式转变了。我认为我国国有企业改革的目标应该是第五种模式[①]。

《中共中央关于经济体制改革的决定》中提出两权分离理论，这是以后企业改革的指导思想。它要求不改变企业的全民所有制性质，同时要求把经营权交给企业。但当国有企业由第四种模式向第五种模式转变时，这一理论在以下几个问题上就不明确了。一是如何处理政府管理权和国家所有权的关系，二是如何划清国家所有权和企业经营权的关系，三是如何处理企业内部所有权和经营权的关系。因此我提出要在以下三个方面充实和发展这一理论：一是实行政府管理权和国家所有权分离，二是实行国家最终所有权和企业法人所有权分离，三是在企业内部实行所有权和经营权分离。为了实现这些分离，处理好它们的关系，需要找到一种恰当的组织形式。经过研究，我认为股份公司可以作为这种组织形式。1988年底，我在文章中指出：要有计划、有步骤地推行股份制[②]。

四 对企业管理问题的研究

1974年我借调到国家基本建设委员会的一个研究组工作，这个研究组是李先念委托谷牧组建的，成员有李灏、林

---

① 周叔莲：《我国国有企业模式的演变》，《中国社会科学院研究生院学报》1989年第1期。

② 周叔莲：《股份制在改革攻坚阶段的作用》，《数量经济技术经济研究》1988年第11期。

韦、马玫丽、戚名琛、林森木、吴家骏、李成林和我，任务是研究中国工业现代化、固定资产投资和经济效果。我曾和组内同志以及国家建委干部一起去四川、贵州、辽宁、安徽、河北、天津等地调查工矿企业，了解企业管理情况。不过，我系统研究企业管理是从1977年到大庆油田考察开始的。

1. 到大庆油田调查研究

1977年4月在大庆召开全国工业学大庆会议后，国家计委经济研究所组织了一个调查组到大庆研究总结大庆油田的经验。在得知这一消息后，我表示愿意参加。研究组领导同意了我的请求，国家建委主任韩光专门接见了我，要我以国家建委政策研究室干部的身份参加，并鼓励我到那里好好工作。大庆调查组由于光远、马洪、孙尚清领导，成员有国家计委经济研究所、中国社会科学院工业经济研究所国家建委政策研究室、辽宁大学、吉林大学、黑龙江哲学社会科学研究所、哈尔滨工业大学、大庆政治部等单位的近20位研究人员。从1977年7月至1978年8月期间，调查组用了1年多的时间，经过认真调查研究，完成了《对大庆经验的政治经济学考察》一书。完成初稿后，1978年7月专门召开了书稿讨论会，邀请有关经济部门、工业企业、研究机构、大专院校以及大庆的同志70多人参加，并根据他们的意见对书稿进行了修改。该书由于光远任主编，马洪、孙尚清和我任副主编，全书于1978年9月定稿，1979年6月在人民出版社出版。

调查组在大庆期间，经济学界正在揭批“四人帮”，进行拨乱反正。“文化大革命”中大庆生产曾受到“四人帮”的干扰破坏，大庆经验也被歪曲。调查组以马克思主义为指导，力求科学地、实事求是地总结大庆经验，推进经济理论的拨乱反正。

《对大庆经验的政治经济学考察》一书中的许多观点现在看来也是正确的。例如，该书把“以发展生产力为中心”看作大庆最主要的经验。书中指出：当“四人帮”疯狂破坏生产，在思想理论上造成很大混乱的时候，有的企业生产几起几落，而大庆却一天也没有停工，生产建设仍然持续发展。他们不断排除“四人帮”的干扰，坚持以生产为中心。在社会主义制度下，发展生产具有重大意义：第一，社会主义生产的目的是最大限度地满足人民日益增长的物质需要和文化需要；第二，只有迅速发展生产力，才能增强战胜资本主义的物质力量，才能巩固和发展社会主义的生产关系；第三，为了消灭阶级，必须大力发展生产力。大庆人正是对生产的意义有了充分的认识，才能那样理直气壮地抓好生产。例如，该书通过总结科学技术在大庆油田高产稳产中的作用，论证了科学技术是生产力的马克思主义理论。书中指出：马克思曾把自然科学称为生产力的“知识的形态”，“当自然科学加入生产过程时，它就转变为直接的生产力”。大庆用事实驳斥了“四人帮”反对科学技术是生产力的谬论。该书还总结了大庆开展科学技术工作的具体经验。例如，该书用大庆的实践证明和强调社会主义企业必须有统一的指挥和科学的管理，驳斥了“四人帮”散布的种种污蔑社会主义企业管理的谬论。书中总结了大庆企业管理的一些主要经验，包括严格遵守国家计划，依靠群众实行民主管理，自觉执行岗位责任制，广泛开展社会主义劳动竞赛，实行管理机关革命化。这些经验在计划经济条件下是正确和有效的，在市场经济条件下也具有参考价值。该书还设有专门章节研究大庆的经济核算和经济效果，总结了大庆降低成本、增加利润、提高质量和提高劳动生产率的经验，提出要加强经济核算，提升经济效果，充分利用价值规律的作用，肃清“四人帮”的流毒。例如，该书总结大庆坚持按劳分配的经验，论证各尽所能按劳分配是社会主义原创，必须贯彻按劳分配，调动广大职工的社会主义积极性，才能促进生产。

该书对大庆经验的总结是符合1981年12月发布的《中共中央转发国家经委党组〈关于工业学大庆问题的报告〉的通知》的基本精神的，是一本有丰富资料和一定理论水平的专著。但该书是在全国学大庆时期组织编写的，当时全国学大庆的指导思想是“以阶级斗争为纲”，政治挂帅，群众运动和“大跃进”。所以，该书虽然在很多问题上有所突破，但仍难免受这些指导思想的束缚。1978年底，党的十一届三中全会召开以后，我国进入了一个全新的发展时期，明确了这些指导思想的缺陷和失误。该书定稿在党的十一届三中全会以前，出版则在党的十一届三中全会召开后半年。出版时书中的有些观点和提法已经不适应新的情况了，因此，尽管该书有很多亮点，却没有起到组织者原先所期望的作用。

在我们编写《对大庆经验的政治经济学考察》的同时，马洪还指导另一个写作组调查研究大庆的工业企业管理。该写作组由中国人民大学、中国社会科学院工业经济研究所、

1991年4月访问美国哥伦比亚大学

哈尔滨工业大学、辽宁财经学院等单位的10多位研究人员和教师组成，由工业经济研究所陆斐文，中国人民大学李占祥、徐昶组成编写小组具体领导。写作组用1年时间对大庆的生产组织与指挥、计划管理、科技管理、技术革新改造管理、设备管理、质量管理、劳动管理、物资管理、经济核算和成本管理、财务管理、岗位责任制、劳动竞争、生活管理等13个问题进行了调查研究，完成了《大庆工业企业管理》一书的初稿。1978年8月，以马洪、孙尚清为主，有李占祥、沈亮安和我参加，对书稿作了统一修改定稿，并由人民出版社于1979年7月出版。由于参加编写《对大庆经验的政治经济学考察》和参加《大庆工业企业管理》的修改定稿，使我有机会了解一个大型工矿企业管理的全貌。这对我而言是一次很好的学习机会，并为我以后研究企业管理打下了一定的基础。

2. 到美国考察企业管理教育

1979年10月，我参加了中国工商行政管理代表团到美国考察企业管理教育。代表团团长是马洪，顾问是薛暮桥，副团长是孙洪志。团员有廖季立、梅行、徐敏、蒋一苇、吴纪先、戴鸣钟、王嘉谟、王永洛、何建章、庞川和我。代表团应美中关系全国委员会和麻省理工学院、宾州大学、印第安纳大学、斯坦福大学、哈佛大学等5所大学的管理学院的邀请，于1979年10月8日至11月3日，先后在波士顿、纽约、费城、华盛顿、印第安纳波利斯、布鲁明顿、韦恩堡、达拉斯、旧金山、帕洛阿尔托等地参观了大学、研究所、公司、工厂、农场和商店。我们同美国各界人士进行了广泛的接触，受到了热情的接待。

这次访问，主要是考察美国的管理教育。美国东道主为我们的访问作了周密的安排，邀请了许多教授、专家、企业家、管理人员和政府负责人与我们举行座谈，介绍情况，并组织我们到教学和生产现场去参观。此行给我们最深刻的印象是，美国非常重视管理教育，用了极大的力量来培养经济管理人才，管理教育在美国经济发展中起了重要的促进作用。

在座谈访问中，许多美国的学者、教授和企业家都向我们介绍管理和管理教育的重要性。邀请我们的5所大学的管理学院不仅介绍了他们的教学情况和经验，还提供了他们培养管理硕士、管理博士和其他高级管理人才的教学计划。回国以后，在马洪的主持下，代表团部分成员编写了《美国怎样培养企业管理人才》一书，该书由中国社会科学出版社于1980年7月出版。

该书共有10章。第一章：美国对企业管理和企业管理人才的重视；第二章：管理专业教育的体系；第三章：管理专业的学制；第四章：管理专业的课程设置；第五章：管理专业的学生概况；第六章：管理专业的教育方法；第七章：管理专业的教师队伍；第八章：管理专业的科学研究工作；第九章：系统工程专业；第十章：美国公司对管理人才的培养。此外，该书还有7个附录，刊登了5所大学的管理学院培养硕士、博士的教学计划。该书是新中国成立以后第一本介绍美国培养企业管理人才的著作，被认为是中国第一本MBA教材，促进了我国的企业管理教育发展。

我和马洪合写了该书的前言。前言分析了美国管理教育发展的历程，总结了美国管理教育具有的一些特点：①教育和实际需要相结合；②工程技术教育和经济管理教育相结合；③教育和研究相结合；④学校和企业相结合；⑤灵活的助工俭学制度。此外，还提出了加强培养我国经济管理人才的建议：第一，有计划、有步骤地轮训在职干部；第二，完善现有的财经院校，开办新的管理学院，有条件的管理学院要设立研究生部，培养中、高级管理人才；第三，理工科院校凡有条件的，也要建立管理学院或管理工程等有关系科，学工程的学生要学一点管理科学；第四，大企业要积极培养自己的干部；第五，建立一个全国性的经济管理教育和研究中心。这些建议后来都被有关部门所采纳。

该书出版前，我应约为《财贸战线》[①]写了4篇关于“访美归来话管理”的文章，介绍了美国企业管理的情况。依次为《企业经营好坏决定于管理》《管理是一门科学》《管理是一种经济资源》和《美国大公司重视改进管理体制》，分别发表于1980年2月12日、2月26日、3月1日和3月25日。这些文章的内容现在来看已是常识，但由于我国之前长期拒绝接受西方经济学和管理学的知识，所以都很有新意，给人启发，受到读者的欢迎。我还在发表于1980年1月3日的《人民日报》上的《重视培养经济管理人才》一文中指出：我国国民经济存在一个突出矛盾，一方面，实现“四化”要求提高经济管理水平；另一方面，经济管理干部在数量上和质量上远不能满足提高管理水平的要求。文章从社会主义生产是社会化大生产、社会主义社会需要建立在高度技术的基础上、管理已发展成为一门科学、我国管理基础差等方面论证培养经济管理人才的重要性和迫切性。我指出：培养技术人才和改革经济体制是当务之急，培养经济管理人才也是当务之急。由于封建社会的余毒，中国形成了一种轻视商品生产和经济管理进而轻视培养经济管理人才的观念，这种观念急需转变，要下决心花力气来完成培养经济管理人才的任务。

3. 研究国外企业管理

从美国回来后不久，我又去日本考察了日本的经济与管

① 《中国工商时报》前身。

理。在以后一段时期，我对国外企业管理进行了研究，发表了《美国企业管理的若干特点》①《论企业管理在美国经济发展中的作用》②《谈谈对国外企业管理的研究》③《有关资本主义国家企业管理的几个问题》④《学习外国企业管理经验提高我国企业管理水平》⑤等多篇论文。这些论文主要涉及以下一些问题：

研究国外企业管理的意义。我指出：研究企业管理之所以重要，不仅是因为我国企业管理落后，需要借鉴其他国家的先进经验，也因为现代化的企业管理是在科学理论的指导下形成的一套管理体系，实现管理现代化既要总结实践经验，又要研究管理理论。曾经流行过一种错误看法，认为社会主义企业管理和资本主义企业管理是根本不同的，我们不必要也不可能向资本主义企业管理学习。而马克思早就说过，管理具有两重性，由于共同的劳动过程的性质而产生的管理，对各个社会是有共同性的。这就从理论上说明了社会主义企业管理和资本主义企业管理是可以相互学习到东西的。我们对国外企业管理的研究刚刚开始，国外重要的管理理论著作尚未翻译，对主要国家的理论和实践缺乏全面系统的调查研究，进一步开展这方面的工作是管理教育、管理科学面临的重要任务。

---

① 刊登于1980年第3期的《社会科学辑刊》上。

② 刊登于1980年第11期的《世界经济》上。

③ 刊登于1981年第5期的《外国经济管理》上。

④ 刊登于1982年第1期的《兰州大学学报》上。

⑤ 刊登于1982年第16期的《红旗》上。

企业管理在美国经济发展中的作用。美国经济进入垄断资本主义时期以后，生产关系已经严重阻碍生产力的发展，但是长期以来美国经济不仅继续有所发展，而且发展速度也不算慢。有人认为是由于科学技术的发展，但科学技术又为什么能够发展呢？我指出：资本主义企业正是通过改善管理，不断解决生产中的矛盾，包括缓和资本主义的基本矛盾，才保证和促进了生产的发展。美国科学技术发展快，与管理工作搞得好也有密切关系。企业管理主要是从四个方面影响美国经济发展的：一是组织好企业内部的生产，以最少的劳动消耗取得最大的利润；二是解决企业发展中的管理体制问题；三是缓和个别企业有组织的生产和整个社会无政府状态之间的矛盾；四是缓和阶级斗争，调动职工的积极性。资本主义企业管理不可能从根本上解决资本主义的基本矛盾与资产阶级和无产阶级的矛盾，但研究美国经济发展中企业管理的作用，有助于启发我们认识社会主义企业管理对社会主义经济发展的作用。

向资本主义企业管理学习什么？我指出：为了提高我国企业的管理水平，要着重在以下一些方面学习资本主义企业管理的经验。第一，学习他们重视企业管理；第二，学习他们组织生产力的经验；第三，学习他们组织商品生产、商品流通的经验；第四，学习他们改进管理体制的经验；第五，学习他们调动职工积极性的经验；第六，学习他们借鉴其他国家企业管理的经验。我还指出，在学习西方企业管理经验时，要看到资本主义企业管理和社会主义企业管理的区别，一定要从中国的实际情况出发，注意和本地区本单位的具体情况相结合，不能照抄照搬他们的经验。

全面认识资产阶级企业管理理论。我分析了企业管理理论的两重性并指出：在阶级社会里，企业管理理论和企业管理一样，涉及阶级关系和阶级利益，是有阶级性的。但是，马克思主义从来没有把社会科学理论的阶级性和科学性截然对立起来，也没有否认一些资产阶级社会科学理论的科学性。马克思曾深刻而又具体地分析了以斯密和李嘉图为代表的资产阶级古典经济学的阶级性和科学性。而资产阶级企业管理理论还和政治经济学理论有所不同。后者以生产关系为研究对象，前者则不仅研究生产关系，而且研究生产力。有的资产阶级企业管理理论还以生产力的组织问题为主要内容，它所揭示的生产力规律带有自然科学规律的性质。因此，我们不能否认资产阶级企业管理理论的阶级性，但是也不能一概否认资产阶级企业管理理论的科学性，而应该对各种理论进行具体的、科学的分析。首先，要用实践来检验这些理论。理论有没有科学性，归根到底要由实践来检验。其次，要给各种理论以应有的历史地位。也就是要考察这些理论和已有理论相比，提出了什么新的问题、新的观点和新的方法，这些问题、观点和方法具有什么意义。社会主义企业管理必须既有利于发展生产力，又有利于巩固和发展社会主义生产关系。

在考察研究国内外企业管理的基础上，1981年我提出要建立一门企业管理对比研究的科学。我指出：搞好企业管理最根本的是要按照客观经济规律包括企业管理的规律办事。企业管理的规律有四种类型：第一种是各个社会都存在的规律；第二种是几个社会共同存在的规律；第三种是一个社会经济形态存在的规律；第四种是一个国家特有的规律。掌握以上四种规律，都要求对各国的企业管理进行对比研究。不仅发现企业管理规律要进行对比研究，运用这些规律也要进行对比研究。企业管理对比研究是比较经济学的一个组成部分，比较经济学是一门新兴科学，我们研究的目的是建立我国的科学管理体系。我国当前经济工作中存在的种种困难，也可以说主要是管理问题，要靠改进管理工作来解决①。后来，马洪主编了《国外企业管理对比研究》②，我和马洪合写了该书的前言。

4. 研究经济改革中的企业管理问题

我主张经济改革中要十分重视企业管理，把改革和管理结合起来。1978年我在《充分发挥企业的主动性》③等论文中就强调了企业管理问题的重要性。改革开放后，我写了《重视企业经营的研究》④《经济改革中的企业管理问题》⑤《必须重视企业管理问题》⑥《深化企业改革不可忽视企业管理》⑦等多篇论文，强调企业改革中要重视企业管

① 周叔莲：《建立一门企业管理对比研究的科学》，载《论经济管理》，山西人民出版社，1983，第382—387页。

② 于1982年在中国社会科学出版社出版。

③ 刊登于1978年12月31日的《人民日报》上。

④ 刊登于1981年第4期的《晋阳学刊》上。

⑤ 刊登于1987年6月15日的《人民日报》上。

⑥ 刊登于1989年第12期的《经济研究》上。

⑦ 刊登于1995年6月21日的《光明日报》上。

理。我还研究了如何把改革和管理结合起来，如何改进企业管理等问题。主要观点有：

改革中一定要重视企业管理。我认为，改革是为了促进生产力，但是如果不把改革和管理结合起来，改革也难以达到发展生产力的要求。改革不合理的经济体制可以提高劳动者的积极性，解除对生产力发展的束缚，但这只是为发展生产力创造条件。而要真正发展生产力，还需要把生产力的各种要素科学地组织起来，解决各种物与物、人与人、人与物的关系，这些都离不开管理。把改革和管理结合起来，才能保证改革顺利进行和不断深入。我主张在深化改革中更要重视企业管理，一是由于我国企业经营管理基础差；二是由于改革任务繁重，企业管理往往不能放在应有的地位；三是相当一部分人对管理的重要性认识不足；四是我国企业管理中的有些问题解决起来难度很大。我还指出，企业管理是企业经营机制的重要组成部分，深化经济改革对企业管理提出了更多的要求，在深化改革中要加强和促进企业管理[①]。

改革和管理不能相互替代，而要相互促进。党的十四届三中全会提出建立产权清晰、权责明确、政企分开、管理科学的现代企业制度。这是我国国有企业改革的正确方向，但有的人不赞成建立现代企业制度，尤其不赞成产权要清晰。他们认为不需要进行深化改革，只要加强企业管理就能达到搞活企业的目的。我指出：既要反对以改革代替管理，也要反对以管理代替改革。提出产权清晰是认识深化的结果，是

① 周叔莲：《深化改革要重视企业管理》，《世界经济导报》1988年6月27日第2版。

思想理论上的一次飞跃。做到产权清晰当然离不开实现权责明确、政企分开、管理科学，而实现权责明确、政企分开、管理科学更需要实现产权清晰。改革和管理既有联系又有区别，它们是相辅相成的关系，应该互相补充，互相促进[①]。

如何使经济改革和企业管理相互促进，这是一个非常重要又非常困难的问题，我不断研究探索这个问题。1987年我提出要明确和解决以下问题，把两者的关系处理好：第一，明确经济改革的长期性和阶段性；第二，实行厂长负责制；第三，做好企业管理的基础工作；第四，研究经济改革过程中社会主义企业管理的特殊问题[②]。1995年我又根据新的情况，提出如下意见：第一，树立经济发展必须着力提高经济增长质量和效益的指导思想；第二，进一步深化企业改革，为强化企业管理建立制度基础；第三，落实企业法人财产权，达到产权清晰的要求；第四，建立科学的法人治理结构；第五，发展和健全有序的竞争性市场体系；第六，企业领导人要严格管理，敢抓敢管；第七，充分激发职工的积极性；第八，切实开展“转机制、抓管理、练内功、增效益”活动[③]。

企业不仅要会管理，而且要会经营。传统计划经济体制下企业只有管理问题而没有经营问题。改革后随着企业自主权的扩大，我在于1981年发表的《重视企业经营的研究》中

---

① 周叔莲：《在深化企业改革中强化企业管理》，《开放导报》1995年第10期。

② 周叔莲：《经济改革中的企业管理问题》，《人民日报》1987年6月15日第3版。

③ 周叔莲：《在深化企业改革中强化企业管理》，《开放导报》1995年第10期。

指出：社会主义企业的经营问题，是个十分重要而又长期被忽视的问题。企业经营和企业管理是既有联系又有区别的。企业经营是指企业的战略决策问题，企业管理是指企业的战术决策和日常管理。忽视企业经营必然导致供需脱节、技术停滞、经济死板、高级管理人才短缺等现象，企业管理也搞不好。企业经营主要的职能是预测环境变化，适应环境变化，发现和利用成长发展的机会，协调整个企业的活动。这些职能决定企业经营的主要任务是确定企业的经营目标，确定达到这些目标的重大方针政策，制定企业成长发展的长远规划和重要措施。改革经济管理体制已向企业提出了很多经营问题，使企业善于经营是我们面临的艰巨任务。只有改革过分集中的经济管理体制，企业经营问题才能提上日程，企业才能重视经营。同时，要培养大批善于经营的管理人才，重视社会主义企业经营科学的研究，包括研究国家决策和企业决策的关系、企业经营和企业管理的关系、制定企业战略决策的程序和方法、不同性质和不同规模的企业的经营特点，努力提高企业的经营水平。

研究和掌握企业行为规律。正如人的行为有其规律一样，企业的行为也是有规律的。我们长时期忽视了对企业行为规律的研究。我在《重视企业行为规律的研究》①和《再谈企业行为规律的研究》②等论文中，指出研究企业行为规律是改革经济体制的要求，是改进企业经营管理的要求，是加强宏观经济管理的要求，是发展经济理论的要求。论文还

① 刊登于1985年10月28日的《人民日报》上。

② 刊登于1986年第2期的《中国工业经济学报》上。

对生产资料所有制、经济管理体制、市场环境、经济政策和经济法、企业经营管理制度、社会风尚对企业行为的影响进行了分析，指出改革以来企业行为已经发生和将要发生的变化，并对企业行为研究的对象、方法和重点作了剖析。我指出：研究社会主义企业行为对我们而言是一个新课题，和西方行为科学主要研究资本主义厂商和职工行为有所不同，我们是以社会主义企业行为为研究对象，研究的广度和深度都要超过他们。我们要在吸取国内外学者已有研究成果的基础上，通过进一步系统深入的调查研究，建立起马克思主义的企业行为科学理论。

加强企业民主管理。改革之初我在执笔的一篇文章中指出："包括技术人员在内的职工群众是社会主义企业的主人，只有发挥企业的社会主义民主，保证职工群众当家做主的权利，企业的权力才不至于被少数人用来谋私利，广大劳动者的利益才能有牢靠的保证，职工才会感到自己真正是企业的主人。"[①] 后来在《有关企业民主管理的几个问题》[②] 中，我又指出：企业民主管理不仅从企业来看是十分重要的，从整个国民经济乃至整个社会来看也是十分重要的。企业民主管理最根本的任务是使职工真正成为企业的主人，同时使他们认识到自己是主人。使职工成为主人，要靠企业发扬民主，还要靠整个社会发扬民主，不断健全社会主义制度，这是极其艰巨复杂的任务。为此，必须改革经济

① 周叔莲、吴敬琏、汪海波：《充分发挥企业的主动性》，《人民日报》1978年12月31日第3版。

② 刊登于1987年第1期的《贵州财经学院学报》上。

管理体制，使企业成为商品生产者和经营者，使职工的收入和企业的经营紧密联系。还要搞好企业经营管理，要认识民主管理是社会主义企业管理的重要组成部分，处理好厂长负责制和民主管理的关系，尊重职工的民主权利，加强社会主义精神文明建设，努力提高职工的教育科学文化水平。我指出：民主管理要贯穿在企业的一切经营管理之中，企业“推行优化劳动组合也要注意发扬职工民主，反对以权谋私”①。

正确认识和扎实推进企业文化建设。1997年，我在一篇文章中指出：要用马克思主义关于经济基础和上层建筑的理论指导企业文化建设，企业文化和经济要互相促进。企业文化表现在企业精神、企业目标、价值观念、行文规范、企业形象等方面，是融化在职工思想中，渗透在职工工作、生活习惯中的东西，具有继承性、自觉性、稳定性和可塑性，是长期积累的结果。企业文化受许多因素制约，首先受国家经济制度、政治制度、社会制度以及文化传统制约；其次受企业制度、企业经营环境和经营状况、企业领导的价值取向和文化观念制约；最后受企业文化建设工作的力度和成效制约。要把企业文化建设与企业经营管理融合在一起，企业的经营管理就要以企业文化建设为指导②。后来，我又在《企业文化建设要注意的几个问题》③一文中，针对当时存在的

① 周叔莲：《优化劳动组合势在必行》，《经济管理》1988年第11期。

② 周叔莲：《雪莲的经验：企业文化和经济发展要互相促进》，《中国特色社会主义研究》1997年第3期。

③ 刊登于2000年第12期的《企业文明》上。

问题，对企业文化建设提出以下主张：第一，在认真调查研究的基础上，用通俗易懂的语言，让更多的人尤其是企业领导人认识到企业文化的重要作用，加强企业文化建设；第二，不要把企业文化建设看得过于简单，过于容易，认为提几句口号、开几次会、搞点文娱活动就能建设好企业文化，好的企业文化是长期努力的结果；第三，防止企业文化宣传中的炒作现象和泡沫现象；第四，把继承、发扬我国优秀的传统文化和学习吸收国外的先进文化结合起来，建立适应中国企业发展的企业文化新模式；第五，不要离开企业发展单纯搞企业文化建设，把建设企业文化和深化企业改革、加强企业管理有机结合起来；第六，把企业文化建设和整个社会的文化建设结合起来。

五 对中国产业政策的研究

1986年全国人大通过的《中华人民共和国国民经济和社会发展第七个五年计划》规定了调整产业结构的方向和原则，第一次明确提出产业政策问题。1989年国务院发布了《国务院关于当前产业政策要点的决定》，指出："制定正确的产业政策，明确国民经济各个领域中支持和限制的重点，是调整产业结构、进行宏观调整的重要依据。"之后，我国经济学界兴起了研究产业政策的热潮。不过，在此之前，我所在的单位中国社会科学院工业经济研究所已着手研究产业政策。我于1986年7月7日在《人民日报》上发表了

《必须重视产业政策的研究》，以后又继续发表了几篇论文，还和几位同志主编了《国外产业政策研究》《中国地区产业政策研究》《中国产业政策研究》三本专著。我的研究主要涉及以下一些方面。

1. 带着问题意识研究产业政策

我是带着问题意识研究产业政策的，主要是为了产业结构的合理化和现代化，为了实现正确的经济发展战略，为了国民经济的健康发展和人民生活的不断改善。我在《把经济发展战略和产业政策结合起来研究》[①]中指出：为了深化经济发展战略的研究，有必要把经济发展战略的研究和产业政策的研究结合起来。经济发展战略是研究今后较长时期内的对策。经济发展战略的实现依赖于一系列政策措施的贯彻，其中产业政策是一个重要内容。没有相应的产业政策，经济发展战略是难以实现的。我从自己过去研究的问题中，深刻感觉到研究产业政策的重要性。例如，控制固定资产投资规模和调整固定资产投资结构要求研究产业政策，加快现有企业技术改造要求研究产业政策，保证乡镇工业健康发展要求研究产业政策，发展对外贸易增加外汇收入要求研究产业政策。

当时有人认为产业政策是舶来品，中国过去没有产业政策。我在文章中分析了这种想法，我指出：有人查考，“产业政策”这个词汇是1970年左右才出现的，很可能是欧美首先提出的，而主要是指日本通商产业省的政策，认为日本经

① 刊登于1986年第11期的《经济学动态》上。

济一度飞跃发展，主要是执行了一套通商产业省的政策。但是，就产业政策的实质和内容来说，不能说中国过去没有产业政策。在我国的第一个五年计划中，就有对一些主要的产业部门规定了如何发展的政策。这个时期我国经济建设取得举世瞩目的成绩，表明当时的产业政策是正确的。“一五”时期以后，一段长时间内我国的产业政策和经济发展战略都发生了严重的失误。但从“六五”时期起，又开始走上了正确的轨道。尽管我们应该借鉴日本等国家实行产业政策的经验，但是说中国过去没有产业政策是不符合实际情况的。

我还指出：现在研究产业政策有一些新的要求。一是要应用一些新的理论和方法，例如，要应用一二三产业的分类法和有关理论。二是要摒弃自然经济论和产品经济论的观点，根据发展商品经济的要求制定产业政策。三是要根据面临的新问题制定产业政策。例如，我国正处于由温饱型经济向小康型经济过渡，消费结构发生着重大变化，产业结构也要相应变化。产业政策还要考虑世界新技术革命的挑战并要适应经济体制改革的阶段和要求，“通过对产业政策的研究，我们要制定适合我国国情的、有科学根据的、切实可行的产业政策（包括产业结构政策、产业组织政策、产业技术政策等）体系。为此，还必须研究制约产业结构演变的因素和产业结构发展的规律性，同时要研究制定产业政策的原理、原则、方法和理论依据，并要总结我国和其他国家制定产业政策的经验教训”[①]。

① 周叔莲：《必须重视产业政策的研究》，《人民日报》1986年7月7日第3版。

2. 探讨产业政策的内涵

什么是产业政策，当时有多种看法。第一种看法认为，产业政策就是研究发展重点产业的政策。第二种看法认为，研究产业政策就是规划产业结构演变的方向，提出一定时期内产业结构发展的目标。第三种看法认为，产业政策是针对市场机制可能导致的失误而采取的政策，市场调节是第一次调节，政府调节是第二次调节。我在《关于产业政策的几个问题》[①]中对这些看法作了分析，提出了自己的看法。

对于第一种看法，我认为，这种看法强调产业政策要确定战略产业部门并规定扶持战略产业起飞的政策，这是正确的。但是如果把研究产业政策局限在研究战略产业上，就值得商榷了。国民经济是一个整体，其中有些部门在一定时期内应该作为战略产业来扶持，但是战略产业的起飞离不开其他产业的发展，对于其他产业（至少是其中的重要产业）也要制定必要的政策措施。而且，随着国民经济的发展，不论对于迅速发展的部门，还是对于停滞或紧缩的部门，都要制定正确的产业政策。

对于第二种看法，我认为，这种看法强调研究产业结构演变趋势和发展方向的重要性，这是正确的。但是，提出产业结构发展的目标正是为了实现这些目标，为此还必须研究实现目标必须采取的政策措施。从日本等国家产业政策的实践来看，其内容一般都是既包括目标设想，也包括实现目标

① 刊登于1986年第3期的《中国工业经济学报》上。

的各种政策措施。

对于第三种看法，我认为，这种看法认为产业政策必须充分发挥市场机制的作用，这个认识是正确的。值得探讨的是，产业政策是否只是补充市场机制的不足，只是对产业结构合理化起补充作用。事实上，在有些资本主义国家，计划（包括产业政策）对国民经济的发展也有一定的指导作用，如日本的《国民收入倍增计划》就是如此，似乎不能笼统地说这类计划是第二次调节。成功的产业政策不仅会自觉地利用市场机制，而且还会利用其他机制，包括计划机制。

我的结论是：产业政策是对于一定时期内产业结构变化趋势的预测和目标的设想，同时规定各个产业部门在社会经济发展中的地位和作用，并提出实现这些设想的政策措施。即要确定一定时期内的优先发展产业、重点发展产业、一般发展产业、控制发展产业，规定产业发展的优先次序和提出有关要求。政策措施包括产业结构政策、产业组织政策、投资政策、产业技术政策、税收政策、劳动工资政策、贸易政策（国内贸易、国外贸易）、整顿企业政策以及其他有关政策。

产业政策有什么特点，这也是当时讨论的一个问题。我在文章中提出，产业政策有四个特点：第一，产业政策是社会主义国民经济政策体系的核心。这样做，才能使产业结构合理化，促进技术进步，提高经济效益，从而使国民经济以较高速度持续稳定协调发展，实现社会主义生产的目的。第二，产业政策涉及国家和企业的关系。在社会主义传统体制下，企业不是商品生产者和经营者，很多产业政策直接干预企业的经营管理。要通过改革使企业自主经营、自负盈亏，成为真正的商品生产者和经营者。在制定和贯彻产业政策时，必须按照社会主义商品经济的要求办事。第三，产业政策本身也是一个政策体系。这个政策体系以产业结构政策为核心，既考虑供给，也涉及需求，把供给管理和需求管理结合起来。第四，产业政策有很大的风险性。影响产业结构的因素很多，随着经济、科技和社会发展，产业结构越来越复杂，其发展趋势也越来越难以预见和掌握。产业政策不仅涉及产业结构，而且涉及经济发展速度，涉及经济效益。为了某一目标，可供选择的政策措施很多，确定产业政策的风险很大。如何降低产业政策的风险，使之科学性更强和可行性更高，有待于研究工作的加强和政策水平的提高。

3. 研究产业政策的作用

日本是运用产业政策很有成效的一个国家，我在1986年写的一篇文章中曾以日本为例，从四个方面说明产业政策的作用。一是使产业结构和国内消费结构以及进出口贸易结构的关系大致协调，并保证产业结构不断趋于合理化和现代化。二是保证国民经济有较快的发展速度。总的来看，日本的产业政策不仅有利于国民经济比例趋于大致协调，而且有利于扬长避短，有利于缓解资本主义制度的矛盾，这些都是经济高速增长的重要条件。三是保证和促进技术进步。日本在确定优先发展的产业部门时，充分考察了世界技术进步的势态和本国科技发展的需要。四是使产品在国际市场上有竞争力①。

① 周叔莲：《产业政策的作用》，载《中国的经济改革和企业改革》，经济管理出版社，1989，第212—213页。

我对日本产业政策的作用也有不同看法。美国哈佛大学教授沃格尔在《日本名列第一》一书中，认为战后日本经济发展较快，是和实行比较正确的产业政策密切相关的，美国应该学习日本的产业政策。而日本东京大学教授小宫隆太郎则认为："在战后日本产业的发展中，日本政府确实发挥了很大的作用，日本政府发挥的作用主要是为民间企业完善了活动的场所即竞争性市场机制的环境。关于日本政府的产业政策，在战后时期以及在所谓高速增长时期，它们起的作用并不大，产业的发展主要还是以民间为主进行的。"① 我认为，在资本主义私有制的基础上，市场机制不可能及时地在各个产业部门合理分配劳动，因而也不可能保证产业结构趋于合理，只有依赖正确的产业政策，才能在一定程度上做到产业结构的合理化。统观日本经济发展，应该承认产业政策对日本战后经济迅速发展确实起了相当大的作用。但是，日本的产业政策也并非都是成功的。

我在和裴叔平、陈树勋共同主编的《中国产业政策研究》②一书中曾回顾总结我国的产业政策，指出："我国40年来的产业政策，既有成功的一面，也有失误的一面。"主要经验教训有四条：一是国民经济必须保持合理的发展速度；二是产业政策要体现产业结构发展阶段的要求和适合我国的具体国情；三是产业结构合理化必须建立在技术进步和集约型发展的基础上；四是建立适合我国国情的经济管理体

① 小宫隆太郎、奥野正赛、铃木兴太郎编著《日本的产业政策》，国际文化出版公司，1988，第245页。

② 于1990年在经济管理出版社出版。

制，既要发挥各方面的积极性，又要防止宏观经济失控，这是我国产业政策发挥积极作用最重要的条件。

4. 分析经济转型中产业政策的特点

1989年，国务院发布《国务院关于当前产业政策要点的决定》后，由于当时我国处于传统计划经济向有计划商品经济转型的过程中，人们对于如何处理计划和市场、政府和企业的关系认识不一致，因而产生了我们究竟需要什么样的产业政策的问题。我在和金碚合写的《产业政策与有计划商品经济的发展》[①]中分析了产业政策和经济制度的关系。文章认为，第二次世界大战后，日本和欧洲面临加快经济重建复兴的任务，需要国家产业政策对产业恢复和发展进行有力干预。战后独立的殖民地国家，也要通过系统设计的国家政策来促进产业结构的变化和发展。实行计划经济的社会主义国家，更要求通过国家对经济的管理、调节、控制来实现赶超任务。正是在世界经济的这种时代背景下，产业政策应运而生并受到重视。不过，尽管各类国家都需要实施产业政策，但在不同的经济制度或经济体制下，产业政策的性质和作用却是很不相同的。资本主义市场经济国家产业政策的特点是：市场竞争是资源配置的主要调节手段，企业是产业发展的主角，政府是配角，产业政策是资源配置辅助性调节手段。在社会主义计划经济体制下，政府是中心，是主角，国家指令性计划是资源配置的主要调节手段，企业是政府的附

① 刊登于1991年第5期的《经济理论与经济管理》上。

属物，听命于政府自上而下的计划安排，执行上级下达的指令性计划，产业的形成和发展由详尽具体的指令性计划所决定，产业政策“淹没”在国民经济计划中。从性质上看，传统计划经济体制下的产业政策，是一种产品经济的产业政策。党的十二届三中全会决定我国实行有计划的商品经济。在这样的经济体制下，企业自主经营、自负盈亏，摆脱对政府的依附，成为独立的商品生产者和经营者，实行产业政策必须充分发挥市场机制的作用。产业政策的主要着力点是引导企业自主地作出符合产业发展规律和客观要求的决定，产业政策的实施手段更多地具有间接引导和调控的特征。在社会主义有计划商品经济体制条件下，实施产业政策不是要用国家决策来代替企业决策，用行政干预来代替市场作用，而是要为企业自主经营、自负盈亏、自我约束、自我发展以及充分发挥市场的积极作用创造有利条件，并引导和实现产业发展的良性循环，进而达到产业结构高度化的战略目标。

在《我对中国产业发展的看法和建议》[①]一文中，我进一步分析了我国双重体制下产业政策的特点。我指出：“我国目前正处于从社会主义传统经济体制模式向社会主义有计划商品经济新体制模式转变的过渡时期。在这个过渡时期中，新旧体制的两种运行规则并存，而且，随着改革的深入，发生着两种体制因素的消长变化，旧体制因素逐步消亡，新体制因素不断生长，因此，新旧体制的转轨过渡时期，必然存在双重体制现象。双重体制具有其自身的特征，决定了这一

① 于1992年收入《我的经济观：当代中国百名经济学家自述》，在江苏人民出版社出版。

时期的产业政策也会有许多特点。”它既区别于传统体制下的产业政策，又区别于未来新体制下的产业政策。我列举了双重体制引起的种种摩擦，指出在实施产业政策过程中必须处理好双重体制下存在的各种独特的经济和利益关系。①产业政策要着力于控制产业结构的基本比例关系，特别是要及时缓解和克服国民经济重大比例的失调。②产业政策与体制改革要相互适应，相互促进。③倾斜政策必须与建立平等竞争的制度环境相协调，相结合。④既要加强计划和集中管理，又要尊重商品经济的客观规律，包括价值规律和物质利益原则。⑤注意协调中央与地方之间的关系。⑥处理好政府和企业之间的关系，创造条件，实现政企分开。

5. 研究国外产业政策

1986年我承担“七五”计划时期国家社会科学重点课题“中国产业政策理论研究”后，曾组织国家计委经济研究所、中国社会科学院世界经济与政治研究所、西欧研究所、美国研究所、拉丁美洲研究所、工业经济研究所的10多位专家，分别对日本、法国、英国、联邦德国、美国、澳大利亚、印度、巴西、韩国、苏联、民主德国、南斯拉夫等国家的产业政策进行研究，研究成果由我和杨沐主编成《国外产业政策研究》一书。该书于1988年由经济管理出版社出版，这是我国第一部系统介绍和研究国外产业政策的专著。

我在该书第一章绪论中指出：为了研究产业政策，不仅需要总结本国的经验，而且需要总结外国的经验。其他社会主义国家和我国在生产关系、经济管理体制等方面有不少共同之处，有的在经济发展水平上和我国也相类似，他们制定和实施产业政策的经验当然是必须研究的。一些发展中国家经济发展水平和我国相仿，并且和我国一样面临着发展经济，实现现代化的任务，他们在产业政策方面的经验也值得我们重视和研究。资本主义国家尽管生产关系和我国不同，但是在实行社会化大生产、发展商品经济等方面是相同的，研究他们的经验也是有意义有必要的。我们尤其要重视研究经济，发达国家制定和实施产业政策的经验，因为他们的历史长，经历多。由于历史长，产业结构演变的规律、产业组织演变的规律、产业政策演变的规律就可能表现得比较充分，比较明显，比较容易被人们认识和掌握。由于经历多，我们现在遇到的问题，他们可能已经遇到过，可能已经找到了某些解决的办法，积累了正面和反面的经验。

根据我国实践中要解决的问题，我提出对于国外产业政策要着重研究以下10个问题。一是制定产业政策的指导思想。这个问题大致可以归结为：政府要不要干预产业发展，干预多一点好还是干预少一点好，采取什么形式和手段进行干预。二是如何使产业政策充分发挥积极作用，避免或减少消极作用。产业政策的作用可能是积极的，也可能是消极的，还可能既是积极的又是消极的。要注意总结国外产业政策如何多发挥积极作用、不发挥消极作用的经验。三是如何确定战略重点产业。有两种不同的主张，一派主张让市场机制来决定产业结构的变化和各种产业的地位，政府不要干预。另一派主张政府应该确定各个时期的战略产业。对于确定战略产业的原则，有“收入弹性基准”“生产率上升基

2002年8月江苏溧阳家乡之行

准”“防止过度密集基准”“丰富劳动内容基准”等不同主张。四是如何扶植战略（重点）产业。例如，日本通过提供资金和减税促进设备投资，通过减税振兴技术及出口，战略性地引进技术，实行保护政策。五是如何调整和扶助衰退产业。各国产业发展中都会遇到如何对待衰退产业以及处于困境中的产业的问题，这是产业政策中的一个重要问题，不可忽视。六是如何增强企业活力。一个国家产业结构的合理化和现代化，从根本上说决定于企业有没有充沛的活力。七是如何对待中小企业。这个问题涉及企业规模结构、企业组织结构、竞争和垄断的关系等问题。八是如何促进技术进步。市场和政府在技术进步中的作用，也是研究国外产业政策要重视的问题。九是产业政策如何决策。产业政策是否正确切实可行，发挥什么作用，很大程度上取决于产业政策是如何决策的。日本产业政策的决定是各种力量协商的结果，考虑了各种意见，照顾了各方面的利益，因而效果较好。十是产业政策的理论基础。产业政策总是在某种或某些理论的指导下制定出来的，由于产业政策包括多方面的内容，因此往往涉及多方面的理论问题。研究国外产业政策要把产业政策的制定、实施和产业政策的理论依据结合起来研究，丰富研究的内容，建立起科学的产业政策理论。

6. 跟踪研究我国产业结构，提出建立产业结构优化升级的保障机制

《中国产业政策研究》是“中国产业政策理论研究”课题的主要研究成果。该书分理论篇、综合篇、部门篇3篇。

理论篇设4章，分别是产业政策的研究对象、我国产业政策的历史回顾、重点产业的选择、产业政策和经济体制。综合篇设6章，分别研究投资政策、劳动就业政策、技术政策、产业布局政策、交通运输政策、产业组织政策。部门篇设12章，分别对冶金工业、化学工业、能源工业、机械工业、电子工业、汽车工业、军事工业、建筑业、建材工业、纺织工业、食品工业、乡镇企业产业进行研究。该书是由中国社会科学院工业经济研究所、国家计委、国务院有关工业部的近30位专家撰写的，是一本比较全面系统回顾总结20世纪50—70年代我国产业政策和研究90年代我国产业政策的专著。

为了实现产业结构合理化和现代化，从1986年起我一直跟踪研究我国的产业结构和产业政策。1987年我在《试论我国产业结构的合理化与产业政策》[①]中，研究了我国“七五”时期产业结构合理化的任务和应该实施的产业政策；之后我又在《我对中国产业发展的看法和建议》等论文中，对20世纪90年代我国产业结构面临的形势进行了剖析，提出“八五”“九五”计划时期的产业政策建议。1998年我在《我国产业结构调整和升级的几个问题》[②]中总结了20世纪90年代产业结构调整和升级的特点，分析了存在的问题和困难，提出要建立产业结构升级的保障机制。2001年2月，我在提交全国政协九届四次会议的书面发言《“十五”计划要以结构调整为主线》[③]中，强调要深刻认识这次结构调整的特点及其复杂

① 刊登于1987年第4期的《中国工业经济研究》上。

② 刊登于1998年第7期的《中国工业经济》上。

③ 刊登于2001年第11期的《经济导报》上。

性、艰巨性，再次提出建立结构优化升级的保障机制。

我指出：调整产业结构必然会遇到种种困难，克服这些困难需要采取很多具体措施，概括起来就是要建立产业结构调整和升级的保障机制。这种机制能够保证克服资源不足，在各部门合理分配资源，并能提高资源的利用效率，使人民得到最好的福利。这个机制应该包括哪些内容，值得研究。我想主要应该包括合理的经济体制、优秀的企业家群体、科学的经济发展战略和产业政策。合理的经济体制又要包括以下主要内容。①合理的所有制结构；②有活力的企业；③合理的企业组织结构；④竞争性的市场体系和优胜劣汰机制；⑤合理的投融资体制和企业并购行为。建立产业结构调整升级的保障机制，要在所有这些方面努力，而最重要的是要建立起能够促进产业结构调整升级的经济体制，包括要改革所有制。因为所有制是生产关系的总和，合理的经济体制必须建立在合理的所有制基础上。要完善公有制为主体，多种经济成分（包括非公有制经济）共同发展的基本经济制度，作为主体的公有制经济和共同发展的多种经济成分都是当前社会主义社会的经济基础。

我还指出：在谈到影响产业结构演变的因素时，人们经常谈到的有需求结构、消费倾向、技术进步、投资结构、生产要素价格、国际贸易等因素。重视这些因素是必要的，但是绝不能忽视经济制度、企业家、产业政策等对产业结构变动的重要甚至决定性作用。关于产业政策对产业结构的作用，不仅从日本战后发展的历史中可以明显看到，从欧美国家经济发展的历史中也是可以看到的。关于企业家的作用，应该看到现代经济中促使产业结构变动的主体是企业和企业家，而不是政府和政府官员。从经济发达国家的历史看，产业结构变动和升级主要是企业家进行创新活动的结果。因此，必须把产业结构升级和企业家创新结合起来研究。我们尤其不能忽视经济制度对产业结构演变的决定性作用。就像生产力和生产关系的关系一样，经济制度对产业结构的演变和升级影响极大。产业结构的变动当然受产业结构现状的影响，但是，一个好的经济制度能够弥补原有产业结构的缺陷，一个坏的经济制度则会限制甚至扼杀原有产业结构的优点。

六 关于所有制是目的还是手段的争论

《中国工业经济研究》1993 年第7期全文刊登了我题为《关于国有企业产权的几个问题》（以下简称《几个问题》）的论文。论文分为三个部分。第一部分说明国有企业必须有法人财产权和明确国有企业产权的意义；第二部分说明国家所有制和市场经济相容，既是可能的，又是有条件的，条件就是改革传统的国家所有制形式和发展多种经济成分；第三部分说明人类社会发展最根本的目的是发展生产力，改善人民生活，包括所有制在内的生产关系主要是作为经济手段发挥作用的，所有制和计划一样是发展生产力的手段。

《几个问题》发表后，就“所有制是目的还是手段”引发了中国经济学家论坛两次学术研讨会的大争论，争论触及深化改革最基本的也是最关键的问题。

我写作《几个问题》主要是为了说明改革传统国家所有制的必要性，以及改革国有企业产权制的必要性。文章中提出的改革传统国家所有制企业制度的目标模式，是同后来党的十四届三中全会确定的现代企业制度一致的。《几个问题》的主要内容包括以下几个方面。

1. 社会主义国家所有制怎样和市场经济相容

我在《几个问题》中提出：为了使国家所有制和市场经济相容，必须“打破整个社会的独家所有制，使社会上的众多企业成为有财产的真正独立的市场竞争主体，使市场机制对资源配置起基础性作用”。“从传统社会主义经济体制向社会主义市场经济体制过渡，不仅要改革传统的国家所有制形式，而且要发展多种经济成分，这样才能打破整个社会独家所有制或独家所有制占统治地位的格局。这里最困难的是改革国家所有制企业，使它们绝大多数成为真正独立的市场竞争主体。为此需要重塑国有企业制度，使这些企业具有市场经济条件下企业制度的一般特征。”

要不要打破整个社会独家所有制或独家所有制占统治地位的格局，或者说要不要改革传统的国有制？我认为，这是争论的焦点。整个社会独家所有制的问题早已达成共识，而独家所有制在社会上占统治地位的问题认识并不完全一致。因此，在改革中要打破这种独家所有制在社会上占统治地位的格局，遇到的阻力较大。

有些人把改革国家所有制和私有化等同起来，见到谁主张改革国家所有制就断言谁主张私有化，这是毫无根据的。社会主义国家所有制有多种模式，改革国家所有制可能是使某一种国家所有制模式变成另一种国家所有制模式，而并非实行非国有化，更非实行私有化。国有企业从没有经营权到有经营权，从没有财产权到有财产权，国家所有制是改变了，但国家始终都对国有企业的财产拥有所有权，没有改变国家所有制的性质。因此，决不能认为改革国家所有制就是私有化，而要把国家所有制的一般模式和国家所有制的具体模式区分开来。

众所周知，马克思主义把所有制看成生产关系的综合。马克思有一句名言："给资产阶级的所有权下定义不外是把资产阶级生产的全部社会关系描述一番。"在经济改革中对国有经济生产关系各个方面进行的改革，都可以说是改革国家所有制。马克思还说过："要想把所有权作为一种独立的关系、一种特殊的范畴、一种抽象的和永恒的观念来下定义，这只能是形而上学或法学的幻想。"有的人正是把国家所有制看成一种抽象的和永恒的观念，而且这种观念是以传统的国家所有制为依据的。因此，他们盲目地反对改革国家所有制，认为改革国家所有制就是私有化。

这里涉及国有经济和市场经济能不能相容和如何相容的问题。我认为，这是社会主义和市场经济结合的最关键和最困难的问题。我在《几个问题》中明确说过：说国家所有制和市场经济可以相容是正确的，但是这种相容是有条件的，而不是无条件的。认为在任何条件下国家所有制和市场经济都相容，严格来说这样回答问题是不正确的。党的十四大以前有些人坚决反对社会主义市场经济的提法，认为社会主义和市场经济不能相容，其主要理由是国有经济和市场经济不能相容。现在有的人又说，国有经济和市场经济在任何条件下都能相容，并含沙射影地把有条件相容的观点说成是“否定社会主义市场经济，认为是在中国实行资本主义市场经济”。其实，不论是根据实践经验还是理论分析，都不能笼统地回答国有经济和市场经济能否相容的问题。传统的国有经济在没有改革的情况下是无法和市场经济相容的，而经过改革后的国有经济可以和市场经济相容。党的十四届三中全会已从理论上、方针政策上解决了国有经济和市场经济相容的问题。所以，认为国有经济和市场经济无条件地不相容或无条件地相容的观点都是不正确的。它们相容的必要条件是改革传统的国家所有制。那种认为主张改革国家所有制就是否定社会主义市场经济、主张资本主义市场经济的观点，实质上是堵塞国有经济和市场经济结合的道路，堵塞走向社会主义市场经济的道路。

2. 所有制是不是也是经济手段

我主张所有制是经济手段。提出所有制是经济手段是为了反对那种不把所有制看成经济手段的观点，是为了反对那种不主张改革传统国家所有制的观点，是为了反对那种把社会主义国家所有制凝固化的观点。人类社会的历史表明，社会生产是始终处在变化和发展的状态中的，首先是生产力的变化和发展，然后是生产关系相应的变化和发展。所有制是生产关系的最主要内容，因此所有制也是不断变化和发展的。这些都是马克思主义的常识，对社会主义社会也是适用的。当然，所有制在社会发展中除了作为经济手段发挥作用，还有其他作用，还有其他性质特征和发展规律。所有制是经济手段的观点和马克思主义关于所有制的基本原理是一致的。考虑到问题的复杂性和马克思主义在这个问题上有很多原理，我后来在《新华日报》上发表了题为《所有制也是经济手段》的文章。之所以说“也是”，一是说明发展生产力的经济手段不只所有制，二是说明所有制还有其他作用和特征。我是在肯定马克思主义其他有关原理的前提下探讨这个问题的，我认为这样做是可以的甚至是必要的。为什么说所有制也是一种经济手段呢？手段是和目的相对而言的。人的活动是一种自觉的、有目的的活动。因此，马克思主义把人的目的理解为关于活动或行为的对象性的自觉意识，手段则是实现目的的桥梁、媒介、方法、工具，是置于有目的的对象性活动的主体、客体之间的一切媒介的综合。人的活动是多方面的，因此也有多方面的目的。适应具体的目的，也就会有各种各样的手段。人类最普遍、最重要的目的是发展生产力，提高生活水平。共产党人则以实现共产主义为最高目的。因为共产主义是建立在生产力高度发展的基础上，可以使人人过上富裕的生活，并使生产力进一步迅速发展，充分满足所有成员物质和文化的需要。共产党人之所以主张共产主义，也是因为在一定条件下共产主义最有利于生产力的发展，从而可以消灭剥削，实现共同富裕。而实现共产主义要以高度发达的生产力为基础。邓小平同志一再说“社会主义的主要任务是发展生产力”“马克思主义的基本原则是要发展生产力”，把发展生产力作为目的，所有制是一种经济手段就非常清楚了。

事实上，从人类社会历史看，所有制是作为发展生产力的一种经济手段发挥作用的。大家知道，生产力和生产关系是不可分割地相互联系着的，以所有制为基础的生产关系是随着生产力的发展而变化和发展的。在社会主义社会以前，所有制经历了从原始社会的公有制到奴隶主所有制、封建所有制、资本主义所有制的复杂变化过程。不论是各种所有制本身的变化或者是一种所有制向另一种所有制的转化，都是既有客观必然性的一面，又有人们有意识活动的一面。也就是说，所有制是被人们当作发展生产力的一种经济手段发挥作用的。

在社会主义经济改革中，我们也是根据发展生产力的要求来调整和改革所有制的。我们之所以进行经济体制改革，是因为传统的经济体制已经严重阻碍社会生产力的发展，经济体制改革是解放和发展生产力的必由之路。为了发展生产力，改革之初我们就调整所有制结构，贯彻公有制为主体，多种经济成分共同发展的方针。这就是把所有制当成发展生产力的一种手段。我们也早就对公有制尤其是国家所有制进行改革。党的十二届三中全会根据解放和发展生产力的要求提出把所有权和经营权适当分开，党的十四届三中全会进一步提出国有企业要建立现代企业制度，使企业作为法人不仅有经营权，而且有财产权。这里都是把发展生产力作为目的，把改革所有制作为手段，根据发展生产力的要求对所有制进行改革，使不适合生产力发展的传统国家所有制模式变成适合生产力发展的新的国家所有制模式。

经济科学对所有制研究的成果表明，说所有制是一种经济手段是有充分根据的。马克思曾经对生产力和生产关系的关系以及生产力和所有制的关系作过非常具体深入的分析研究，提出了一系列科学的历史唯物主义原理。马克思实际上指明了包括所有制在内的生产关系是作为发展生产力的手段发挥作用的。例如，马克思在1846年12月28日致巴维尔·瓦西里也维奇·安年柯夫的信中说：“人们借以进行生产、消费和交换的经济形式是暂时的和历史性的形式。随着新的生产力的获得，人们便改变自己的生产方式，而随着生产方式的转变，他们便改变所有不过是这一特定生产方式的必然关系的经济关系。”[①]这里马克思是说人们为了发展生产力而改变生产关系，也就是把改变生产关系看成发展生产力的手段。现代西方产权理论研究如何安排产权结构和形成合理有效的产权制度，具体内容包括产权关系与产权结构的安排、产权主体权利及义务的界定、产权契约或协议的履行，实际上也是把所有制看成一种经济手段，从产权的角度对与此相关的问题进行研究。

3. 发展生产力是不是人类社会的目的

在《几个问题》中我认为：从人类社会发展的历史看，最根本的目的是发展生产力，改善人民的生活，包括所有制在内的生产关系主要是作为经济手段发挥作用的。

---

① 中共中央马克思恩格斯列宁斯大林著作编译局：《马克思恩格斯全集》（第27卷）（上），人民出版社，1972，第478—479页。

我强调发展生产力是目的，并不是说在任何情况任何意义下都不可以把所有制（确切地说是变革或完善某种特定的所有制）作为目的。当人们进行变动所有制时，所有制也可以成为目的。例如，建立社会主义市场经济体制就包括改革和完善所有制关系的目的（任务）。我和一些同志的分歧不在于所有制是不是可以成为目的，而在于发展生产力是不是目的以及所有制是不是手段。因此，我并不笼统地反对所有制是目的的提法，而他们却是完全反对发展生产力是人类社会的目的和所有制是手段的提法的。

必须强调指出的是，在人的多种多样的活动中，生产劳动是最基本的实践活动。马克思说："人们为了能够'创造历史'，必须能够生活。但是为了生活，首先就需要衣、食、住以及其他东西。因此第一个历史活动就是生产满足这些需要的资料，即生产物质生活本身。同时这也是人们仅仅为了维持生活就必须要每日每时都要进行的(现在也和几千年前一样)一种历史活动，即一切历史的基本条件。"[①]因此，我们完全有理由说发展生产力是人类社会的根本目的。

反对发展生产力是目的的同志提出了种种理由，但是，只要对这些理由认真加以分析，就会发现它们是似是而非的，不能成立的。

例如，有人说，我们发展生产力是为了满足需要，怎么能说发展生产力是目的呢？其实，我们发展生产力确实是为了满足需要，但不能由此否认发展生产力也可以成为

① 中共中央马克思恩格斯列宁斯大林著作编译局：《马克思恩格斯全集》（第3卷）（上），人民出版社，1960，第31—32页。

目的。无须再引用马克思主义经典作家关于发展生产力是人类活动的目的乃至根本目的的大量论述，我国的历次五年计划不是都把发展生产力作为目的吗？各个地区、各个部门制订的发展经济的计划，也都是把发展生产力作为目的的。可见，“发展生产力是目的”和“发展生产力是为了满足需要”这两个命题都是可以成立的，决不能把它们对立起来。

再如，有人说，在阶级社会里，剥削才是目的，主张发展生产力是目的，是“对人剥削人的社会制度的美化”。当然，就阶级社会里剥削阶级剥削被剥削阶级的活动而言，增加剥削确实是剥削阶级的目的。不过，广大劳动者从事生产活动还是以发展生产力为目的的。而且，当某个剥削阶级处于上升时期时，也是把发展生产力作为目的的，尽管这也是为了增加剥削。而当它只顾剥削而不再关心发展生产力时，这个阶级及其统治的社会也就开始走向衰败和灭亡了。这个道理也是马克思一再讲过的，是历史唯物主义的基本内容，难道这也是“对人剥削人的社会制度的美化”？

又如，有人说，我们的最终目的是实现共产主义，发展生产力不是最终目的。说发展生产力是目的并不是说发展生产力是最终目的。谁又说过发展生产力是最终目的呢？其实，最终目的的提法本身就要剖析。共产党人为了彻底消灭剥削制度，提出共产主义是最终目的，因为无产阶级只有解放全人类才能解放自己，而只有实现共产主义才能做到这一点。不过，实现共产主义以后，无产阶级也就不存在了，共产党人也不存在了。共产党人的最终目的达到了，社会则要继续发展，人类也要继续从事各种活动，继续提出多种多样的目的。所以，就人活动的一般意义而言，它是没有止境的。用共产党人把共产主义作为最终目的来否认发展生产力是目的，也是一种不成熟的做法。

还有人说："从政治上讲，把发展生产力作为目的也是不对的。"而毛泽东同志明确说过："发展农业生产是土地改革的直接目的。"[①]邓小平同志反复强调："社会主义的第一个任务是要发展社会生产力。""社会主义就是要发展生产力，这是一个很长的历史阶段。"[②]从这些论述中，完全有理由把发展生产力当作目的。而那种否定发展生产力是目的的观点，在政治上才是不对的。

有人认为，各个社会有特定的生产目的就不能再存在发展生产力这个共同目的。这个观点是站不住脚的。因为，在任何社会里都要发展生产力，否则人类就不能生存，社会就不能存在。前面曾引用了马克思说的几千年来人们都把发展生产力(生产满足衣、食、住等所需要的物质资料)作为第一个历史活动的话。马克思还说过：劳动过程"是制造使用价值的有目的的活动，是为了人类的需要而对自然物的占有，是人和自然之间的物质变换的一般条件，是人类生活的永恒的自然条件，因此，它不以人类生活的任何形式为转移。倒不如说，它是人类生活的一切社会形式所共有的"[③]。马克

① 毛泽东：《在晋绥干部会议上的讲话（一九四八年四月一日）》，载《毛泽东选集（第四卷）》，人民出版社，1991，第1315页。

② 邓小平：《吸取历史经验，防止错误倾向》，载《邓小平文选（第三卷）》，人民出版社，1993，第228页。

③ 中共中央马克思恩格斯列宁斯大林著作编译局：《马克思恩格斯全集》（第23卷）（上），人民出版社，1972，第208—209页。

思说的“制造使用价值的有目的的活动”，就是我们说的发展生产力这个目的，他是明确把它看成是“一切社会形式所共有的”。

4. 所有制有没有选择的问题

在《几个问题》中，我主张所有制（以及生产关系）有一个选择问题，我的批判者则反对所有制有一个选择问题。但是，在批判我时，他们都把“选择”改成“随意选择”，似乎分歧在于赞成“随意选择所有制”还是反对“随意选择所有制”。这就歪曲了真正的分歧和讨论的问题。

众所周知，“选择”和“随意选择”的含义是有区别的，我说过所有制有个选择问题，但从来没有主张所有制可以随意选择，而且是坚决反对这种主张的。

在《几个问题》中，我提到有人会问：马克思是把所有制和生产关系看成不以人们的意志为转移的，怎么能把所有制看作经济手段呢？ 我认为，马克思确曾强调所有制和生产关系的客观必然性，例如，马克思说过：人们在发展其生产力时，即在生活时，也发展着一定的相互关系，这些关系的性质必然随着这些生产力改变和发展而改变。但这绝不是说所有制和生产关系是不能选择的。事实上，从历史的长河看，人们是在不断选择所有制和生产关系的。举个明显的例子，在资本主义农业发展过程中，曾经经历过劳役地租、实物地租、货币地租等阶段，这些地租形式的变迁就是当事人选择的结果。所谓不以人们的意志为转移，是说选择的所有形式是否有生命力，能否长期存在，最终不是取决于当事人的意志，而是取决于它能否促进生产力发展。例如，我国农村选择过互助组、初级社、高级社、人民公社、联产计酬等所有制形式。高级社取代了互助组、初级社，人民公社又取代了高级社，但它们不利于生产力的发展，没有生命力，最终被联产计酬取代了。联产计酬促进了生产力迅速发展，成了现在的普遍形式。可见，说所有制不以人们的意志为转移和说人们选择所有制并不矛盾，说所有制的发展有其客观的必然性和说它是经济手段也不矛盾。

斯大林曾说：新的生产力以及同它相适合的生产关系的产生过程“不是人们有意识的、自觉的活动的结果，而是自发地、不自觉地、不以人们的意志为转移地发生的”。在这里，斯大林把不以人们的意志为转移同人们自发的、不自觉的活动等同起来，同人们有意识的、自觉的活动对立起来，我认为这是不正确的。生产关系是人们选择的结果，而人们选择的活动至少不是完全自发的、不自觉的。而且，随着社会生产力的发展和科学技术的进步，人们选择生产关系越来越自觉了，说它“不是人们有意识的、自觉的活动的结果”，是不符合实际情况的。而究竟什么样的所有制和生产关系有生命力，能长期存在，则最终仍是不以人们的意志为转移的。

说手段可以随意选择缺少科学根据因而是错误的。目的不能随意选择，手段也不能随意选择。手段和目的一样，都是受现实条件和历史条件制约的，而且手段还受目的制约。例如，我们确定了生产某种产品这一目的以后，在确定手段时，就要使用特定的劳动工具、原材料和生产工艺。即使在有些方面有选择的余地，也绝不是可以凭主观愿望随心所欲地选择的。

其实，稍有马克思主义常识的人都不会主张“人可以任意选择生产关系”，但是，所有制和生产关系确实又是有选择的问题的。我在《几个问题》中指出，从原始社会到奴隶社会，从奴隶社会到封建社会，从封建社会到资本主义社会，人们是在不断选择所有制和生产关系的。我们进行社会主义革命是选择所有制和生产关系，现在进行社会主义经济改革是在继续选择。所以，提出所有制有个选择问题绝不是否定或反对马克思主义历史唯物论的基本原理，不是否定或反对生产关系是客观的物质关系，而是为了正确地、全面地理解和宣传马克思主义历史唯物论的基本原理。

值得一提的是，说生产力决定生产关系无疑是正确的，但不能认为已经出现的生产关系全都是由生产力所决定的。所有制和生产关系确实有个选择问题，而选择正确与否，则是有客观标准的。我们不能否认所有制和生产关系有一个选择问题，而要力求做到我们的选择是正确的、有科学根据的。

《几个问题》所引起的这场争论其实是我国经济改革的实践所引发的，我认为，这场争论对我国经济改革是起了积极作用的，尤其是促进了国有企业的产权制度改革。争论并未结束，在改革深化的过程中，所有制变动会不断产生问题并引发争论。所以，对这场争论进行回顾总结是必要和有意义的。

叁

心得和体会

从1953年我大学毕业分配到中国科学院经济研究所工作算起，我的研究生涯已有60多年，说起治学经验则是正面的经验少，反面的教训多，下面的几点留给自己的印象比较深刻。

一 在经济研究所“六部行走”

经济研究工作能否取得成绩，处理好理论和实践的关系是一个关键问题。我在读高中时就对社会科学有强烈的兴趣，新中国成立后接触了马克思主义政治经济学，就爱上了这门学科，后来如愿以偿地在复旦大学经济系学习。由于客观条件好，加上主观努力，我的学习成绩比较好，为以后从事经济研究工作创造了条件。

当我分配到经济研究所时，经济研究所刚成立，地址在北京王府井附近的南池子大街南湾子一个四合院里。全所有30多人，其中研究人员20多人，分为经济史和现实经济两个组，科学院副院长陶孟和兼任所长，副所长巫宝三主持工作。巫宝三先生接待我时，把我分配在经济史组，由孙毓棠先生指导我。我在大学里学习中国近代史较少，所里要我去北京大学补课。我还记得孙毓棠先生为此事带我到北京大学去看望周一良先生，之后我去北京大学听过几次课。但不到一年，狄超白同志来所主持工作，他把我调到现实经济组。我先到河北高阳县搞了几个月的手工业调查，后来又到河北博野县搞了几个月畜牧业调查，接着又在1956年用几乎一年时间参加中国科学院组织的晋西北地区水土流失的考察工作。由于时间短，这几项工作我都没有研究成果。

1956年，党中央号召向科学进军，当时经济研究所已从全国各大学经济系选来不少毕业生，规模扩大很多，但许多人仍没有明确的专业方向。所里的青年人响应党向科学进军的号召，提出了明确专业方向的要求。领导则不同意这个要求，提出青年人要“六部行走”。“六部行走”是中国历史上曾经设置过的一个官职，“六部”指吏部、户部、礼部、刑部、工部、兵部，“行走”就是有权处理这六部事务的官。提出“六部行走”是要青年人完全服从领导的安排，领导让做什么就做什么。由于意见分歧大，所里曾就这个问题开展了一场大争论，争论的双方都以我为典型例子。因为这时候我已分配到所里新成立的农业经济组，从研究经济史算起，我经过了手工业调查、畜牧业调查、水土保持考察和农业经济研究，争论的一方说我进步快，另一方则说我成果少。这场争论的结果是，青年研究人员明确研究方向的要求得到了满足。

我对于长期不明确研究方向，频繁变动工作是有意见的，但是，对于分配给自己的所有任务，都是努力学习和工作，尽心尽力地完成。在经济所“六部行走”的争论中，我是站在许多青年人一边的，我赞同他们提出的要求，之后10多年内我研究农业经济的专业方向也一直未变动。现在回顾这段历史，我认识到研究人员明确专业方向是必要的，但当时经济研究所刚成立，研究人员少，任务多，为了完成任务，研究人员工作变动多一些也是难免的。就我个人来说，虽然频繁变动工作使我在一段时间内未能取得研究成果，但也不能说没有收获，尤其从后来看，这段“六部行走”的实践还是使我受益匪浅的。

收获之一：过去我是从家门到校门，从校门到机关，缺少实际工作锻炼，参加手工业调查、畜牧业调查、水土保持考察等工作，在一定程度上弥补了这个缺陷。我在学校里学过一些理论知识，但并不完全懂得甚至不真正懂得理论是怎样来的，如何判断理论的正确性，如何用理论解决实际问题。通过这些调查和考察，我开始意识到理论和实践的关系问题，开始思考这个问题，懂得理论必须和实践结合起来。1955年我在山西一个叫王家沟村的地方考察水土保持，发现自己学到的理论中没有一条是能够解决那里的水土保持问题的。从此我认识到理论和实践结合的艰巨性。在以后的研究工作中，我始终重视理论和实践的结合问题。

收获之二：扩大了视野。以前我从书本上学习过有关手工业、农业等经济常识，但没有在手工业作坊和农村作过调查。在高阳县和博野县的调查中，我有了这些方面的感性认识。而在晋西北地区的水土保持考察中，我走过好几个县城，在这些县城里收集到工业、农业、商业、人民生活等方面的资料，了解到经济各部门之间的联系。参加那次水土保持考察的不仅有社会科学界，而且有自然科学界，包括地质、地貌、水文、生物、工程等方面的学者专家。这次综合考察也使我认识到很多经济、社会问题是需要社会科学界和自然科学界联合起来解决的。20世纪80年代初，我研究中国经济发展战略时，强调要把经济、社会、科技发展战略结合起来，和从这次考察中得到的启示不无关系。

收获之三：认识到学习和研究历史的重要性。这段经历使我懂得了什么是研究工作和开始学会做研究工作。在实地调查、收集资料、分析研究资料、撰写调查研究报告等方面有了一些实践经验。特别是我在一定程度上克服了过去片面重视抽象理论忽视历史知识的缺点，认识到在研究工作中学习和研究历史的重要性。我一直记得孙毓棠先生对我说的一句话：收集有用的历史资料犹如沙里淘金。我以后的经历使我认识到，这话不仅对经济史研究工作有效，对经济科学研究和其他科学研究工作亦有效。1960年前后，我研究农业是国民经济的基础问题，当时这个问题报刊上已发表了大量文章，怎样使我的研究有点深度呢？我对农业在各个社会形态中的作用进行了历史研究，撰写了《论农业在前资本主义社会和资本主义社会国民经济中的地位和作用》一文。《经济研究》编辑部认为此文有新意，将其发表在1961年第5期的《经济研究》上。

二 勤奋

1997年第3期的《经济学家》上的一篇文章有一项统计数字：1978—1995年，发文量超过100篇的经济学家有56人。文章把这56人称为“高产经济学家”，我也名列其中。其中前5名作者和论文篇数分别为于光远（457篇）、晓亮（314篇）、许经勇（297篇）、魏杰（296篇）、周叔莲

（279篇）。文章还列出同期高摘用率的经济学家48人，其中前2名和被摘用文章篇数分别为于光远（168篇）、周叔莲（116篇）[①]。这项统计分析可能把我的排位提前了，不过这段时间我写的文章数量确实比较多。我在“文化大革命”前写过几十篇文章，粉碎“四人帮”后，1977年开始发表批判“四人帮”的文章，这一年的文章数量也不少。1995年以后，我继续写了许多文章，这期间我还负责过一些行政工作，主编了几部专著。有人问我为什么能写出这么多文章来，我的回答是勤奋。如果说我治学有什么经验的话，那么真的只有勤奋。

我从小读书就很用功。初中毕业后，我离开家乡江苏溧阳到位于常州的江苏省立常州中学读书。这所中学校风很好，老师水平高，对学生要求严格。而我在常州又无亲友，除了读书别无他事，因此星期天也是我读书的时间。高中期间我开始接触进步书籍，喜爱读思想进步作者的书。高中毕业后我考入同济大学哲学系，我用家中寄给我买衣服的钱买了郭沫若、翦伯赞、艾思奇等进步作者的书来学习。1949年4月家乡解放，我在一所小学教书，但我仍用功读书。当时三联书店出版了王亚南、郭大力翻译的三卷本《资本论》，我买不起，只好向弟弟要了钱买来学习。1950年进入复旦大学，白天上课，晚上只要图书馆开门，我都会在图书馆看书。星期六晚上，系里的文体委员总催着我参加舞会，我就跑到系里教师办公楼的阅览室看书看报。那里星期六晚上也开门，人又不多，适合学习。星期天我也是看书。记得有一

① 范并思、胡小菁：《变革时期的中国经济学——社会科学报刊文献统计分析》，《经济学家》1997年第3期。

年春假班上组织到杭州西湖去玩，全班同学几乎都报名参加，只有我和汪海波以及另一个同学没有去，留在校内读书。因此从高中到大学，我都没有休息的周末。到经济研究所工作以后，依然如此，不同的是，节假日除了看书，还要写文章。1954年经济研究所搬到中关村，和我年龄相仿的年轻人先后都结了婚，因此周末在所里的人就不多了。1959年孙冶方所长领导研究社会主义经济论，我就利用一个周末，邀桂世镛同志在所里走廊上写了“社会主义经济论提纲”（草稿），以后由何建章同志组织讨论修改，称为“何桂体系”。我结婚晚，直到1964年才成了家，但周末仍旧保留着读书、工作的习惯。

在“文化大革命”中，我认真学习了毛泽东同志的著作。1969年，哲学社会科学部下放到河南息县办“五七”干校，后来又从息县搬到明港批斗所谓的“516分子”，这期间我仍没有忘记学习。1970年，同室的严中平先生从北京带来了他的《马克思恩格斯全集》，我从他那里一本一本地借来认真学习。当时工宣队、军宣队是限制读书的，社会上则流行“读书无用论”，哲学社会科学部也面临着解散的危险，因此很多人失去了读书的积极性，认为以后不会有机会做研究工作了。我也感到经济研究所前途难测，但是我相信，中国是不可能不要经济研究工作的，虽然现在我们的工作中断了，但迟早总会有工作机会的，如果不学习，将来怎么承担国家和人民交给的任务呢？所以我仍然勤奋学习。

粉碎“四人帮”后，经济科学也终于迎来了春天。1979年，我转到中国社会科学院工业经济研究所工作，研究社会主义工业化、经济结构、工业企业改革和管理等问题。面对许多陌生的新问题，我也主要是靠勤奋来克服困难的。工业经济研究所一位同事改行后说：研究工作很难很苦啊！他这样说确有其根据。我曾花了整整一个月时间写一篇批判“四人帮”的封建社会主义的文章。文章分四部分，我一个星期写一部分，其中五天收集分析文献资料，一天酝酿提纲，一天形成文字。那时我家在北京前门东大街社科院宿舍，靠近东交民巷，每天晚上我在东交民巷散步转圈儿，苦思冥想如何把文章写好，在文章写好之前，真是寝食难安。回忆这些往事，我既体会到研究工作的乐趣，也体会到研究工作的艰辛。如果没有艰辛，没有废寝忘食，又何来研究成果？何来研究工作的乐趣呢？

三 解放思想

自己要不要解放思想，如何解放思想，也是我在研究工作中遇到的一个重要问题。“文化大革命”以后，我越来越感觉到自己必须努力解放思想。为什么我说自己要努力解放思想呢？一是因为我在大学学习的社会主义政治经济学教材是苏联科学院经济研究所编的《政治经济学教科书》，这本书以斯大林的《苏联社会主义经济问题》为指导思想。我也认真学习过《苏联社会主义经济问题》这本书，而实践表明，这两本书的许多观点是不符合社会主义经济规律的。如斯大林把社会主义公有制概括为全民所有制和集体所有制两种形式，认为集体所有制要向全民所有制过渡，国营企业的社会主义生产关系是最成熟、最彻底的，生产资料不是商品，价值规律对社会主义生产不起调节作用等。这些都是苏联具有诸多缺陷的社会主义经济体制的理论基础。而长时期内我把这些观点当作真理，并以此为指导思想，研究中国经济问题。二是因为国内“左”的错误理论和实践也对我有影响。我经历过“大跃进”和人民公社化运动。虽然我不相信“大跃进”中亩产万斤等说法，对很多做法有意见，但都是敢怒而不敢言，且写文章宣传过人民公社。我还曾以“左”的思想为依据，在政治运动中错误地批判过有些同志，歪曲了是非，伤害了这些同志。三是因为我经历了“文化大革命”，虽然后来我对“四人帮”散布的谬论深恶痛绝，但这些谬论有着最革命的光环，对我也不是没有影响。出于以上原因，我思想中不符合实际的条条框框很多。带着这些条条框框作研究，研究成果一定不会符合实际情况，不会有利于解决现实问题。因此，随着改革开放的发展和深入，我深切地感觉到要清除自己思想中错误的条条框框，我经常提醒自己：努力解放思想。

解放思想是为了实事求是，就是使思想行动符合实际、符合客观规律，对经济研究工作者来说，就是使对问题的认识和提出的理论或方案符合客观实际情况和客观经济规律。在思想中存在错误的、不符合实际的条条框框的情况下，必须解放思想，才能做到实事求是。在这种情况下，解放思想是实事求是的前提。但解放思想并非就一定能实事求是。为了做到实事求是，除了破除思想中各种不符合实际的条条框框，还要认真地、细致地进行调查研究，包括收集资料、鉴别资料、分析资料、得出结论、检验结论等。其中每一项工作都要做好。可见，研究工作对解放思想也是很重要的，它们是一种互动的关系。

解放思想，绝不是脱离实际的空想或胡思乱想。20世纪50年代后期也曾提倡解放思想。如在“大跃进”中说“人有多大胆，地有多大产”，在人民公社化运动中说“人民公社是发展生产力的要求，是人民群众的创造，是进入共产主义的桥梁”。这些完全背离实际的说法，给国民经济带来极为严重的后果，对研究工作也起了恶劣的影响。空想和胡思乱想是违背客观规律的，不仅不能做到实事求是，而且是和实事求是背道而驰的。邓小平同志总把解放思想、实事求是联系在一起提出，我认为这是有深意的。

在研究工作中做到解放思想、实事求是很不容易的，不过，我在认识到它的重要性以后，就努力这样做了。“文化大革命”后我研究工业经济，1979年国民经济进行调整，当时农产品、轻工业产品供应都很紧张，粮食、肉类、食油、食糖、棉布、糕点等都凭票供应，甚至买个电灯泡也要票证。这是片面优先发展重工业的结果。尽管全国人民很不满意，但未见在方针、理论层面对此公开讨论，因为斯大林说过优先发展重工业是社会主义工业化的方法，优先发展轻工业是资本主义工业化的方法。虽然事实并非如此，但是当时人们不敢破除这个条条框框。经过认真研究，我和吴敬琏在1979年8月31日的《人民日报》上发表了《把发展轻工业放在优先地位》一文，从历史和理论等方面剖析了流行的说法，指出把优先发展重工业说成是社会主义工业化的方法，在理论上是错误的，在实践上是有害的，认为“决不能把发展轻工业和资本主义等同起来，和社会主义对立起来”，提出在一定时期经济建设要把发展轻工业放在优先地位。在我们于1979年发表在《中国经济问题》第6期上的一篇文章中还指出：“要优先发展重工业，一般要经过优先发展轻工业阶段，发展轻工业对社会主义甚至比资本主义更加重要。”由于调整时期优先发展轻工业，轻工业产品日益丰富，我国逐步取消了凭票供应制度。

1983年我又写了《重视社会主义工业化理论问题研究》《社会主义工业化和资本主义工业化的比较研究》《认真总结我国社会主义工业化的历史经验》等文章，提出“斯大林的社会主义工业化理论要用实践来检验”，在更广泛的范围内对传统的工业化理论进行了梳理，提出了比较切实可行的中国工业发展战略。

四　拨乱反正中的一件事

粉碎“四人帮”后，我积极批判“四人帮”，参与理论界的拨乱反正，这对我在研究工作中认识和实践解放思想、实事求是起着重要作用。我曾和吴敬琏、汪海波一起，针对“四人帮”在社会主义所有制、商品生产、按劳分配、资产阶级法权、工资、奖金、利润、企业管理以及政治经济学方法等问题上的谬论，写了一系列文章，进行系统的批判。这是为了肃清这些谬论在社会上的流毒，也是对自己思想的一次大清理，破除了一些不符合实际的条条框框，深刻理解了在研究工作中解放思想、实事求是的重要性和艰巨性。

给我留下深刻印象的一件事是对“四人帮”否定和攻击科学技术是生产力的批判。1975年，中国科学院在胡耀邦同志的领导下，写了一篇《关于科技工作的几个问题（汇报提纲）》，提出“科学技术是生产力”。“四人帮”出于篡党夺权的目的，攻击《关于科技工作的几个问题（汇报提纲）》是大毒草，发表大量文章否定科学技术是生产力。“四人帮”的言行造成严重的恶果。粉碎“四人帮”以后，我深感有必要批判“四人帮”这方面的谬论，但是批判也有难度。一是“四人帮”说提出科学技术是生产力就是否定劳动群众的作用。二是他们说肯定科学技术的作用就是否定社会主义社会存在阶级斗争，就是否定无产阶级专政的必要性，是旧中国一些人鼓吹的“科学救国论”的翻版。当时这些大帽子都是吓人的而且很有迷惑力。三是他们说马克思没有说过科学技术是生产力。那时我借调在国家建委研究室工作，于是我利用那里的有利条件收集了世界科技发展动态的资料，收集了有关科技发展史的书籍。通过阅读这些文献资料，研究科技进步在生产力发展中的作用，尤其认真阅读了马克思的《资本论》《剩余价值学说史》《政治经济学批判大纲（草稿）》等著作中有关这个问题的论述，知道马克思多次说过科学技术是生产力。对于“四人帮”的其他谬论，我也作了研究。在认真钻研的基础上，本着解放思想、实事求是的精神，我撰写了《科学技术是生产力》。论文分析了科学技术和生产力的关系，指出：“根据马克思主义的理论，技术是直接的生产力，科学则是‘知识形态上’的生产力，它能够转变为‘直接生产力’。”并指出：“自然没有制造出任何机器、汽车、火车、飞机，这些都是人类制造出来的。人类之所以能制造出这些，是认识和利用自然规律的结果，亦即科学发展的结果。科学一经应用，就转变为现实生产力了。”论文还有理有据地驳斥了“四人帮”散布的提出科学技术是生产力就是否定劳动群众的作用、就是否定阶级斗争、就是“科学救国论”等荒谬言论。

1977年4月中旬，我把这篇文章送交《经济日报》编辑部，5月上旬收到编辑部寄来的校样，出乎我意料的是，文章由胡耀邦同志审阅修改，他在两页校样的四边密密麻麻写了近千字，更加充分地论述了一些观点，落款是“胡耀邦五月一日”，说明胡耀邦同志是利用“五一”假期阅改的。编辑部要我再修改一遍后寄回。1977年5月30日，这篇文章以《科学·技术·生产力》为题发表在《光明日报》上。

附录一　代表性论文

附录二　主要著作

附录一　代表性论文

我对中国计划经济转变为社会主义市场经济的研究[1]

改革以来，中国计划经济转变为社会主义市场经济经过了三个阶段。第一阶段是在计划经济中发挥市场的作用，实行计划经济为、主市场调节为辅。第二阶段是破除计划经济和商品经济对立的观点，提出社会主义经济是有计划的商品经济。第三阶段是社会主义商品经济理论发展为社会主义市场经济理论，建立和完善社会主义市场经济体制。经过了艰难曲折的过程，中国已经建立了社会主义市场经济，但改革的任务尚未完成，面临着完善社会主义市场经济体制的任务。下面谈谈在计划经济转变为社会主义市场经济过程中我的研究工作和体会。

一　研究在计划经济中发挥市场的作用

“文化大革命”结束后，经过揭批“四人帮”和拨乱

① 发表于2017年9月第11卷第5期的《中国浦东干部学院学报》上，部分有改动。

反正，经济理论界开始认识到在计划经济中必须发挥市场的作用。1978年12月，党的十一届三中全会明确指出，“现在我国经济管理体制的一个严重缺点是权力过于集中，应该有领导地大胆下放，让地方和工农企业在国家统一计划和指导下有更多的经营管理自主权”“应该坚决实行按经济规律办事，重视价值规律的作用”。之后在实行计划经济为主、市场调节为辅的方针时，虽争论很多，但总的来说市场的作用是不断扩大的。

1980年底，时任中国社会科学院《未定稿》杂志负责人林韦应美国宾夕法尼亚大学之约，主编英文版《中国经济改革》一书，邀我写几篇文章。我在《关于计划经济中市场的作用问题》一文中，从我国经济发展的经验教训和社会主义经济理论两个方面论证了在计划经济中发挥市场作用的必要性和可行性。

文章指出，新中国成立后30年在处理计划和市场关系上可分为四个时期。一是第一个五年计划时期。当时在理论上虽然也常常把计划经济和市场调节对立起来，认为有计划按比例发展规律是同价值规律互相排斥的。但是，由于存在着非社会主义经济成分，一方面，社会主义经济成分和非社会主义经济成分互相竞争；另一方面，社会主义经济还要通过市场，把一些非社会主义经济成分纳入国民经济有计划发展的轨道。因此，必须在计划的指导下利用市场调节，计划与市场还是在一定程度上相结合的。社会主义改造基本完成后，原来国家通过市场来调节的一部分产品的生产和流通，改变为国家用直接计划来管理，计划的范围扩大了。在这种情况下，有的同志误认为价值规律的调节作用已经被有计划发展规律的调节作用所替代，不必重视和利用市场调节了。在实际工作中，也出现了忽视市场的作用，造成某些产品质量下降、品种减少的情况，给消费者带来了许多不便。针对这种情况，中央领导同志曾提出：无论如何不能把商业的渠道搞窄了，无论如何不能把商品搞少了。陈云同志曾提出："全国工农业产品的主要部分是按照计划生产的，但是同时有一部分产品是按照市场变化而在国家计划许可范围内自由生产的。计划生产是工农业生产的主体，按照市场变化而在国家计划许可范围内的自由生产是计划生产的补充。"这就是主张社会主义计划经济应该利用市场调节的辅助作用。由于采取了一系列正确措施，因此取得了好的效果，保证了第一个五年计划的顺利完成。

二是在"大跃进"和人民公社化运动中，在商品生产、价值规律问题上犯了严重错误。在1958年、1959年一段时期内，理论上否定商品生产和价值规律，实践上大刮"共产风"，大搞一平二调，严重侵犯了农民的利益，挫伤了农民的生产积极性。当时，在实际上是把农业生产的间接计划变成了直接计划，大搞瞎指挥和强迫命令，结果使农业遭到了严重破坏，造成工业、农业生产比例严重失调。工业生产也完全违背价值规律的要求，提出要"算政治账，不要算经济账"等错误口号，不计工本，不讲经济核算和经济效果，造成了极大的损失。

三是在20世纪60年代初的国民经济调整时期，又开始重视价值规律和重视运用市场。克服三年经济困难，是从尊重价值规律，坚持等价交换做起的。当时毛泽东同志提出：算账才能实行那个客观存在的价值法则。“这个法则是一个伟大的学校，只有利用它，才有可能教会我们的几千万干部和几万万人民，才有可能建设我们的社会主义和共产主义。否则一切都不可能。”[①]在他的主持下制定了《农村人民公社条例（修正草案）》（即六十条），强调等价交换，反对剥夺农民，规定农村人民公社以生产队为基本核算单位，生产队有经营管理和收益分配的自主权，实行按劳分配，允许农民经营自留地、家庭副业等。在工业方面，提出“调整、巩固、充实、提高”的方针，强调经济核算和经济效果。由于采取了一系列符合价值规律和其他经济规律的要求的措施，经济恢复和发展起来。

四是在“文化大革命”期间，又一次犯了忽视价值规律和市场作用的错误。“四人帮”把商品货币关系和资本主义等同起来，把价值规律看作社会主义的“异己的力量”，疯狂反对按照价值规律的要求办事，推行了一系列否定商品生产和价值规律的荒谬做法。在农村，一再搞“穷过渡”，搞一平二调。把多种经营扣上资本主义的罪名，把社员的自留地和家庭副业说成小生产的资本主义自发倾向，不少地方禁止多种经营，取消自留地，禁止农民搞家庭副业，取缔农村集市贸易。在工业中，生产不考虑市场需要，反对经济核算，不讲经济效果，否定规章制度，结果是生产无计划，劳动无定员，消耗无定额，给国民经济带来了极为严重的后

① 中共中央文献编辑室编《毛泽东著作专题摘编（上）》，中央文献出版社，2003。

果，使我国经济濒于破产的边缘。

新中国成立后30年经济两起两落的事实说明，是否尊重价值规律的作用，是否在计划的指导下正确发挥市场的作用，是社会主义经济是否健康发展的一个极其重要的因素。

文章还指出，在社会主义经济中发挥市场的作用还要在社会主义经济理论上取得突破。这是一个艰难的过程。列宁、斯大林领导的近40年苏联社会主义建设的实践过程，是从开始否定商品货币关系，否认价值规律的作用，到逐渐认识社会主义必须保留商品生产和商品交换，肯定价值规律是客观规律的。而直到斯大林逝世为止，他仍然否认全民所有制企业之间调拨的生产资料是商品，认为这一部分生产资料的生产和流通超出价值规律调节的范围。所以，苏联长期以来偏重于用行政的办法，并建立起相应的经济模式。在那种经济体制下，品种少、质量差、消耗大、效率低等成为常见的弊病。在新中国成立初期从苏联搬来的经济管理体制，基本上就是这一套偏重于用行政的办法管理经济的制度，而不讲求利用市场。虽然有的时候比较重视价值规律作用和重视利用市场，但并没有根本改变从苏联搬来的那一套经济管理体制，所以，品种少、质量差、消耗大、效率低也是我国社会主义经济发展中长期未能很好解决的问题。而这种经济管理体制之所以未能根本改变，又同理论上对社会主义商品经济缺乏正确认识有密切关系。

文章分析了斯大林观点的错误，指出：斯大林在《苏联社会主义经济问题》中，对于社会主义条件下全民所有制企业间存在的交换关系所作的解释是：全民所有制企业之间的交换，是由存在着两种不同的社会主义公有制引起的；社会主义全民所有制内部流通的产品只具有商品的外壳，实质上已经不是商品。斯大林这一理论观点是不正确的。明显的事实是，在资本主义各国，大公司内部的各个分权的事业部之间，也存在着商品货币关系，如果按照斯大林的观点，公司是一个统一的所有者，内部是不应该存在商品关系的。但事实上，大公司内部各个分权的事业部之间交换的产品，和向外界采购的商品没有任何区别，是地地道道的商品。如果把社会主义全民所有制经济看作一个大托拉斯，那么，全民所有制内部各个企业之间的产品，就和资本主义大公司事业部之间交换的情况相仿，也是同一所有者内部各独立经济单位之间交换的商品。为什么在这种情况下各个企业之间交换的产品也是商品呢？这是由于企业具有相对的独立性，企业之间不实行商品交换，就势必侵犯企业的利益，从而也就破坏了企业之间的独立性，违背社会发展最基本的规律——生产关系一定要适合生产力性质的规律。

文章还指出：政治经济学所谓的商品是多多少少相互分离的生产者之间的关系。在社会主义全民所有制的条件下，全社会组织成为一个统一的生产者，各个企业已经不是截然分离的了。但是无可否认，具有独立的经济利益的企业之间还有你我界限，因此，企业在转让产品时，必然要求等价补偿，否则它们的利益就会受到损害。从这里可以看出，全民所有制经济内部交换的产品仍然具有商品性。文章针对有些人引用马克思主义经典作家的话来证明建立起单一的全民所有制后商品生产就会消灭。诚然，马克思、恩格斯、列宁设想过社会主义将要消灭商品生产。但是，这仅仅是设想而已。实践是检验真理的最终标准，社会主义制度下商品生产的命运究竟如何，最终是要由实践解决的。而依据迄今为止社会主义各国的实践，商品生产不仅存在着，而且发展着，在看得见的时期内，消灭商品生产是不可能的。

还应看到，马克思肯定地认为在新社会中将会消失的，是私人交换，而不是一切交换。在中国经济学界过去的讨论中有一些作者把马克思关于私人交换将会消失的论断解释为以产品调拨（即企业将产品交给国家再由国家分配）代替商品交换，这样，就把社会主义和自然经济混为一谈，这是不符合马克思的原意的。在《政治经济学批判大纲》中，马克思在指出资产阶级社会既不同于资本主义前的各种社会形态，又不同于未来的社会时指出："私人交换一切劳动产品、能力和活动，不但和以个人相互间自发地或在政治上的支配关系与隶属关系为基础的分配制度不相容……而且也和在共同占有和共同控制生产手段这个基础上联合起来的个人所进行的自由交换不相容。"[①]从原则上说，今天全民所有制企业之间的交换，就是这种"在共同占有和共同控制生产手段这个基础上联合起来的个人所进行的自由交换"。马克思还说："如果我们在当前的社会里面没有在隐藏的形态下发现无阶级社会所必需的种种物质生产条件以及与其相适应的种种交换关系，那么任何进行破坏的尝试，都是堂吉诃德

① 马克思：《政治经济学批判大纲》（第1分册），人民出版社，1975，第95—96页。

式的愚蠢行为。”[①]根据目前社会主义的实际情况，把现阶段的“自由交换”叫作“商品交换”，在理论上和实践上都是没有坏处的。

二 研究发展商品经济的重大意义

“文化大革命”结束后，经过拨乱反正，我国经济理论界普遍认识到，在中国社会主义条件下必须大力发展商品经济。中国生产力落后，商品率低，尤其是农业生产商品率很低。1984年，我撰写了《农产商品化和国民经济现代化》[②]，探讨中国农产商品化的重要意义。论文阐述了农产商品化几个方面的作用和意义。

（一）促进分工和专业化

农产商品化首先有利于农业分工和专业化的发展。商品生产以分工为前提条件，同时又促进分工的发展，从而促进生产力的发展和劳动生产率的提高。分工的一个重要表现是专业化。随着农产商品化的迅速发展，农业专业化有了较快的发展。主要表现为：

1．涌现出一大批专业户

专业户是当前我国农村商品生产的主要代表。这几年，

① 同上书，第96页。

② 刊登于1985年第1期的《社会经济导报》上。

我国农村中以自给为特征的“小而全”的承包户已有不少转变为“小而专”的专业户。据初步统计，1983年末全国农村专业户已有2483万户，占农户总数的13.6%，而一两年前只占百分之几。这些专业户约有2/3是种植业和养殖业的专业户，他们为社会提供了大量的农副产品。农村中从事工商运输建筑服务等非农业专业户也迅速发展起来，他们的商品率一般在90%以上。

专业户的优越性是很明显的。专业户一开始就搞商品生产，进行专业化集约经营，土地资金设备利用率高，劳动生产率和农产品商品率高，有利于农民增加收入，尽快富起来。一些专业大户的优越性更为明显，被称作“发展商品生产的带头户”。

2. 出现了专业村

随着商品经济的发展，一些经济发达地区的专业户表现出集中连片的趋势，出现了专业村。有些专业村还有发展成为专业乡、专业区的趋势。专业村一般都独有特色，各有一长。如廊坊地区的专业村有养牛村、养羊村、养鸭村、韭菜村、芹菜村、棉花村、沙发村、豆腐村、绿豆糕村等。专业村比专业户有更多的优越性。专业村内的专业户往往经营同一生产项目，因而可以互相支持，取长补短，有利于科学技术的推广应用，有利于提高产品质量，也有利于开展竞争，使产品有竞争力。在专业村内，那些经济条件比较困难的农户也容易得到周围专业户的扶持和帮助，有利于走共同富裕的道路。

3. 建设了新的农产品商品基地

农产商品化还促进了新的农产品商品基地的建设。例如江苏省过去的商品粮基地主要在苏南一带，年产粮食五六十亿斤，近几年新崛起的苏北徐淮平原的商品粮基地，一举超过苏南。又如过去我国棉花的主要产区在苏鄂两省，这几年出现了新的棉区，在西北平原上，以产皮毛、肉、乳等商品为主的牧业基地建设，近几年也取得了重大进展。

4. 促进了经济联合

商品生产是社会化生产，因而要求加强社会服务。随着农业中分工和专业化的发展，也要求相应地加强协作。尤其因为专业户主要是家庭经营的商品生产者，受人力、物力、财力、技术等限制，产前、产中、产后许多问题自身难以解决，必然要提出经济联合的要求。这几年，农村商品经济的发展确实也促进了新的经济联合。联合的内容和形式多种多样，有的是资金联合，有的是劳动联合，有的是工业联合，有的是农业联合，等等。这种联合建立在自愿的基础上，是分工协作的需要，有利于集中资金，改进技术和管理，扩大生产规模，促进生产集约化。

（二） 加快了小城镇建设

农产商品化还促进了小城镇的建设。人口由农村向城市转移，是现代化过程中一定时期的一种规律性现象。我国农村人口还占全国总人口的80%以上，今后必然有很大一部分农村人口逐步转变为城镇人口，有意要走发展小城镇的道路。小城镇对于农业现代化和整个国民经济现代化将起重要的作用。

小城镇是随着商品生产和商品交换的发展发展起来的。没有商品经济的发展，就不会出现大批小城镇，从而也不会有城市的发展。新中国成立以来的历史也充分说明，小城镇的发展依赖于商品生产和商品交换的发展，特别是依赖于农产商品化。

从这几年的情况看，农产商品化主要是通过以下途径促进小城镇的发展的。

1. 发展乡镇企业

商品经济带来的结果之一是乡镇企业大发展。在一些经济发达地区，农村中工业的比重已大大超过农业。1978—1983年，江苏无锡县工业增长197%，常州市增长305%，江阴县增长212%。1978年这3个县市工业产值占农村农业、副业、工业（不包括县属工业）三业产值的75%以上，农业、副业分别占10%和15%；社队工厂的劳动力加上从事其他非耕地经营的劳动力，共占农村总劳动力的60%以上。乡镇工业是小城镇发展的重要经济基础。

2. 发展商业

农产商品化不仅要求小城镇成为农村工业的中心，而且要求小城镇成为农村商业的中心。一方面，小城镇起着城乡物资交流中心的作用；另一方面，小城镇起着周围农村商品交换中心的作用。农村集市贸易的发展就说明了这种情况，这几年农产商品化的迅速发展促进了农村集市的繁荣。适应集市的发展，各地加强了市场建设，发展了原有的小城镇，并形成新的小城镇。

3. 提供科技文化教育服务事业

农产商品化也要求提供科学技术服务。农村专业户作为商品生产者，要求提高经济效益，因而对科学技术的需求十分迫切。这种需求，只有发展小城镇才能较好地满足。随着农村收入增加，他们也要求发展教育、文娱、卫生等各项事业，要求小城镇成为周围农村的教育、文化、科学技术中心。

（三）农业现代化的必由之路

农产商品化也是农业现代化的必由之路。过去我们强调农业合作化对于农业现代化的意义，但对于农产商品化的意义则重视程度不够。当然，农业合作化对于农业现代化的意义是重要的，而且，过去强调农业合作化也蕴含着这样的意思，即随着合作化的发展，农业劳动生产率将提高，进而农产品商品率也将提高。但是，我国农业合作化以后的20多年间，农业劳动生产率和农产品商品率都提高得很慢。为什么我国农业合作化和以后的农村人民公社化未能促进农产商品化的发展呢？原因很多，其中主要有三点。一是合作化和公社化都采取单一集中经营集体劳动评工记分的办法，这种集体经济的“大锅饭”制度存在严重的平均主义，扼杀了劳动者的积极性，从而阻碍农业生产的发展和农产商品化程度的提高。二是不顾条件地实行“以粮为纲”，甚至把工业、副业等多种经营当作资本主义来批判，这样既不能因地制宜地促使多种经营发展，也不能搞好粮食生产。三是把传统农业的自给自足看成一种优越性，以自给自足为指导思想，要求人民公社农林牧副渔全面发展。后来虽然批评了单纯自给自足的思想，主张自给自足生产和商品生产都要发展，但仍没有放弃人民公社自给自足的指导思想。

在党的十一届三中全会以前，我国农业现代化的进程是比较慢的。虽然在农业机械化方面取得了一些成绩，但和付出的代价比较，效果并不理想。农业现代化包括多方面的内容，如物质技术基础、科学技术水平、经营管理水平、农业内部结构。专业化协作以及农林牧副渔各个方面，在农业现代化过程中都是要变化的，这是一个现代化的问题。所以，不能把农业现代化和农业机械化等同起来。这几年，随着农产商品化的发展，除了上面说的促进分工和专业化以及加快小城镇建设等方面，以下这些方面也发生了变化：

1. 广大农民有了学习和应用科学技术的强大动力

商品生产使广大农民有了学科学、用科学的迫切要求和自觉行动。社队工业为了在竞争中求出路，也要努力提高企业的技术水平。农民这种改进技术的积极性和主动性，是农业现代化最可靠的保证。

2. 农民开始重视经营管理，讲究投入产出

由于从事商品生产，不仅社队企业需要重视和改进经营管理，专业户也需要重视和改进经营管理。现在一批专业户已在商品经济的实践中认识到讲究投入产出的重要性，力求每一元钱投资都有较高的经济效益。现在乡镇企业和农村专业户中已经出现了一批企业家，可以预期，这样的企业家会更多地涌现出来，他们将是农业现代化的骨干力量和带头人。

3. 农业机械化有了新的发展

有人曾经担心农村实行联产计酬责任制会给农业机械化带来不利影响。事实证明，这种担心是不必要的。以安徽怀远县为例，实行生产责任制的1978年，这个县农业机械总动力为15万马力，1979年增加到17万马力，1980年增加到25.8万马力，1981年又增加到28.3万马力，比1978年增加80%以上。农业机械化的经济效益也提高了，从而必将促进农业机械化的发展。实行生产责任制后，我国农业的集约化程度大大提高了。现在农业承包户耕地面积少的问题，随着农业劳动力逐步转向非农业生产，以及随着土地转包的发展和完善，也是能够得到比较妥善解决的。

4. 农业内部结构向有利于现代化的方向发展

农业内部结构现代化是工业现代化的一个重要内容，长期以来我国农业以种植业为主，种植业又以粮食为主，这种状况是农业不发达的表现，也阻碍着农业的现代化。随着商品生产的发展，这几年农业内部结构向着有利于现代化的方向发展。据一些县的调查，农业生产结构的变化可分为几种情况：一是工业、副业发展速度快，在工业总产值中比重提高。低的在40%以上，高的达80%。二是种植业内部经济作物比重提高，粮食作物比重降低。三是粮食作物内部主要粮食的比重提高，次要粮食的比重降低。四是林牧副业发展较快，在农业中所占比重提高。总之，伴随着社会分工和商品生产的发展，农业内部结构在向着合理的方向发展，这也是农业增长速度快的一个重要原因。

从经济发达国家的历史看，农产商品化也是农业现代化的前提条件。新中国成立前的广大农村是自然经济或半自然经济，商品率一般都很低，因此，为了实现农业现代化，尤其要重视发展农村商品经济。建立在一家一户基础上的自给自足经济阻碍了农业现代化的发展，建立在集体经济基础上的自给自足经济同样阻碍了农业现代化的发展。这就是总结国内外得到的结论。现在我国农村进入了发展商品经济的黄金时代，价值规律成了农民的大学校，正在教会农民改进经营管理，应用科学技术，建设社会主义的物质文明和精神文明。正如有的同志在采访珠江三角洲农民后所说的："商品生产的迅猛发展正在迅速地改造着农民。"这就是我国农业现代化的希望所在。

（四）国民经济振兴的基础

农业是国民经济的基础，但是，对当前条件下农业如何发挥基础作用，我们研究得不够，忽视了现阶段农业的基础作用主要是通过农产商品化来实现的。马克思说过，"农业劳动生产率是其他一些劳动得以独立存在的自然基础和前提"①。"在一个国家里（如果把对外贸易撇开不谈），剩余劳动首先必须在农业中出现，然后才有可能在从农业取得原料的那些工业部门中出现。"②马克思还说："超越劳动者个人需要的农业劳动生产率，是一切社会的基础，并且首

① 中共中央马克思恩格斯列宁斯大林著作编译局：《马克思恩格斯全集》（第26卷），人民出版社，1979，第28—29页。

② 同上书，第162页。

先是资本主义生产的基础。资本主义生产，使社会中一个日益增大的部分，脱离直接生活资料的生产，并且像斯图亚特所说的那样，转化为自由人的手，使他们可以在别的部门任人剥削。”[①]对于马克思的这几段话，有两点是尤其需要注意的：第一，农业生产中出现了剩余劳动和剩余产品，其他部门才能独立和发展。第二，迄今为止，通过商品交换从农业中取得剩余产品，是一种最有利于发展国民经济的形式。

在《资本论》中，马克思曾详细分析了封建社会地租形式的演变，从这些分析中可以看到在封建社会及其向资本主义社会转变的过程中，农业发挥国民经济基础作用的各种形式：由劳役地租发展为产品地租，再发展为货币地租。对于由产品地租向货币地租的转化，马克思指出：“没有社会劳动生产力的一定程度的发展，这种转化是不可能实现的。”[②]同时又指出：发展到货币地租时，“虽然直接生产者仍然要继续亲自生产至少他的生活资料的绝大部分，但是现在他的一部分产品必须转化为商品，当作商品来生产。因此，整个生产方式的性质就或多或少发生了变化，生产方式失去了它的独立性，失去了超然于社会联系之外的性质”[③]。由此可见，没有农产商品化的发展，资本主义难以发生，更难以发展。

① 中共中央马克思恩格斯列宁斯大林著作编译局：《马克思恩格斯全集》（第25卷），人民出版社，1979，第885页。

② 同上书，1979，第899页。

③ 同上。

社会主义各国的历史也表明，农产商品化是农业发挥国民经济基础作用的必然要求和主要形式。现在我们强调发展农村商品经济，加速农产商品化的进程，这是总结新中国成立以来经济发展的经验教训得出的科学结论。新中国成立以来我国工业发展速度是相当快的，但国民经济始终处于一种比较紧张的状态，根本原因是工业落后，农产商品化水平低。由于农业生产力落后和农产品商品率低，我们不能不对主要农产品实行统购统销，严格控制城镇人口，这些都限制着整个国民经济的发展。这几年，我国国民经济发展得比较健康和顺利，即使在以调整为主的时期，整个经济也发展得较快和较松动。这种令人兴奋的现象，是同在农业迅速发展的基础上，农产商品化进程加快有紧密联系的。我们正面临着新的经济振兴的任务。加快农产商品化步伐，也是为新的经济振兴奠定牢固的基础。我们应该清楚地看到，目前我国农业劳动生产率和农产品商品率都还比较低，抗衡自然灾害的能力还很薄弱，特别是人多耕地少的矛盾十分突出。现在有些地方某些农产品多了，这或者是由于消费水平低，或者是由于加工能力不足，或者是由于流通渠道不畅，价格制度存在问题，并非真的农业生产过剩了。党中央在确定20世纪末经济发展战略目标的同时，规定农业、能源、交通、教育、科学等部门为战略重点，并且把农业放在这些战略重点的首位，这是完全符合我国国情因而是完全正确的。

概括起来说，加快农产商品化对于国民经济振兴的意义在于：第一，提供比较充裕的商品粮。这是我国经济结构现代化的重要物质基础。第二，提供轻工业迅速发展所需要的原料。为了发展轻工业，农业提供商品原料的任务也是很艰巨的。第三，提供发展工业、交通运输业、商业和文化教育事业所需要的资金。不仅农业现代化的资金很大一部分要靠农业积累，其他如发展乡镇企业、乡镇交通运输业、建筑业、商业和文化教育事业的资金，也主要要靠农业积累，或者由农业提供重要部分。第四，为工业化提供广阔的市场。我国农村是工业品的重要甚至主要市场。提高农产商品化程度、增加农民收入，才能为工业品打开销路，促进我国工业和国民经济发展。此外，加快农产商品化也是我国争取20世纪末全国人民物质生活达到小康水平的要求。

（五）中国特色社会主义经济的组成部分

邓小平同志早就指出："多种经营发展了，并随之而来成立了各种专业组或专业队，从而使农村的商品经济大大发展起来。""可以肯定，只要生产发展了，农村的社会分工和商品经济发展了，低水平的集体化就会发展到高水平的集体化，集体化经济不巩固的也会巩固起来。"[①]我国农产商品化的趋势是生产力的不断完善和社会主义生产关系的日益完善、巩固和发展。农产商品化也将是农民由一部分人先富起来发展到大家都富起来的必由之路。我们有充分理由说，农产商品化是中国式社会主义经济的重要组成部分，加快农产商品化的进程，必将促进我国社会主义现代化建设事业发展。

① 中共中央文献编辑委员会：《邓小平文选》（第2卷），人民出版社，1983，第275—276页。

三 研究社会主义商品经济理论的必然性和意义

房维中在《十三年纪事（1977—1989）》[①]中说：

“1982年陈云再次提出计划经济为主、市场调节为辅的论点以后，有一部分人对社会主义经济是有计划商品经济的论点提出了质疑和批评，使人们对这一提法产生了误解。”

“为了消除这一误解，马洪组织社科院的吴敬琏、周叔莲、张卓元等几位研究人员写了一篇题为《关于社会主义制度下我国商品经济再探索》的研究报告，以马洪的名义分送党中央、国务院领导同志和部分老同志。这份研究报告以它的理论的鲜明性和论述的准确性与翔实性而具有极大的说服力，在党内赢得了共识。这是一份高水平的研究报告，是一篇在中国改革史上起重大作用的文章。”

我在1982年曾写过一篇题为《计划经济与商品生产》的文章。1983年又和吴敬琏合作写了《社会主义经济的计划经济属性和商品经济属性问题》等论文。这些文章主张坚持计划经济，但提出和论证了“社会主义商品经济是社会主义经济的本质特征”“不能把计划经济和商品生产对立起来”“社会主义经济是有计划的商品经济”等观点。因此，马洪要我起草他那篇论文。后来听吴敬琏说，我的草稿经张卓元修改过，之后他随马洪去东北又进行最后修改并定稿。当时，我们仍主张坚持计划经济，不过经过改革的计划经济

① 房维中《十三纪事（1977—1989）》中国计划出版社，2004。

也在发生变化，我们主张计划经济应由指令性计划为主转变为指导性计划为主，提出“不能把计划经济和商品经济对立起来”。事实上，传统的苏联计划经济（斯大林模式）和商品经济基本上是对立的。而直到20世纪末，中国才基本改变指令性计划为主的状况。当时计划经济商品经济概念的内涵都比较模糊、混乱，我在一些论文中的观点也有相互矛盾的地方，计划和市场概念远不科学严谨。

从经济思想史看，党的十二届三中全会关于社会主义经济是有计划的商品经济的理论观点确实是科学社会主义理论上的一个突破。我于1985年曾在《关于社会主义商品经济问题争论的思考》中对这一理论的形成过程和经验教训作了一些剖析①。论文指出：

社会主义商品经济问题上的争论已经几十年了。这个问题不仅在我国，而且在国际上都有激烈的争论。党的十二届三中全会关于社会主义经济是有计划的商品经济的论断，得到了我国理论界的普遍赞同，可以说是这一场争论的科学总结。回顾一下争论的过程，总结有益的经验教训，不仅对于研究社会主义经济思想发展史是必要的，对于深刻认识社会主义经济的性质特征也是必要的。

论文介绍，在我国学术界，社会主义经济是有计划的商品经济的想法早就出现过。但是，这些意见并没有得到普遍赞同，而是受到很多批评。事情很有趣。人们都说要大力发展社会主义商品生产和商品交换，而其中不少人却否认社

① 刊登于1985年第2期的《中国工业经济学报》上。

会主义经济是一种商品经济。为什么会发生这种现象呢？既然生产是商品生产，交换是商品交换，为什么经济不是商品经济？有些人只承认社会主义商品生产和商品交换而不承认社会主义商品经济，这说明这两种提法可能包含一些实质性的分歧。我认为，分歧主要在于，承认社会主义经济是一种商品经济，就意味着承认以下一些观点：第一，不仅两种社会主义公有制形式的经济之间存在商品货币关系，全民所有制经济内部也存在商品货币关系；第二，不仅生活资料是商品，生产资料也是商品；第三，价值规律对社会主义经济，包括对全民所有制经济，不仅有影响作用，而且起着调节作用；第四，社会主义经济要充分发挥与价值规律有关的各种经济杠杆的作用，不仅指导性计划要依靠经济杠杆来实现，指令性计划也必须运用价值规律。有些人之所以只承认社会主义商品生产和商品交换而不承认社会主义商品经济，是因为不同意以上的有些观点或者全部观点。斯大林认为，社会主义商品货币关系只存在于两种公有制经济之间，而不存在于全民所有制经济内部；生活资料是商品，而生产资料不是商品；价值规律对社会主义生产虽有影响，但不起调节作用。可见，过去人们之所以否认社会主义经济是一种商品经济，是同斯大林的理论观点的影响密切相关的。

需要进一步探讨的问题是，为什么《中共中央关于经济体制改革的决定》（简称《决定》）在理论上能够取得这样重大的突破呢？我认为原因是很多的，主要的原因有四个：一是邓小平等中央领导同志个人起了很大作用；二是经济体制改革的实践给了我们启示；三是对社会主义经济的理论研究工作作出了成绩；四是党的实事求是的思想路线起了促进和保证作用。邓小平同志早就提出了发展我国农村社会主义商品经济的问题。在《决定》起草的过程中，国务院领导同志明确提出“社会主义经济是有计划的商品经济”，并对计划体制的改革、价格体系的改革和国家领导职能等三个与社会主义经济有关的理论问题和方针问题提出了重要意见。这些意见都为党中央所接受，采纳在《决定》中了。

从根本上说，理论是实践的产物，社会主义商品经济问题理论的突破，也是经济体制改革实践的结果。党的十一届三中全会以来我国进行的经济体制改革，尽管很多带有试点的性质，但已经使我国传统经济体制开始发生重大的变化，显示出社会主义商品经济的必然性和主要特征。经济体制改革引起的社会主义经济关系的变化，要求理论上承认社会主义经济也是一种商品经济。我想，至少可以从四个方面来说：首先，扩大企业自主权使国有企业开始成为商品生产者和经营者。由于企业地位作用的变化，很多企业不仅开始重视管理问题，而且开始重视经营问题。这几年企业经营科学日益受到重视并不是偶然的。其次，生产资料开始进入市场。生产资料进入市场有很多好处：一是可以促进产销结合，有利于发展生产和满足用户的需要；二是可以提高产品质量和服务质量；三是可以加速生产资料流通，加速资金周转；四是可以缩短基本建设周期；五是可以促进工业的专业化协作与联合；六是可以促进企业改善经营管理，提高企业和整个国民经济的经济效益。生产资料进入市场表明，生产资料也是商品。再次，农村商品经济有了很大的发展。这次经济体制改革是从农村着手的。传统的经济体制模式是自然经济的模式，不利于甚至严重阻碍农村商品经济的发展。在农村实行联产承包责任制等改革以后，我国农村商品经济迅速发展起来。农业是国民经济发展的基础，这几年的事实说明，只有发展农村商品经济，才能使农业充分发挥它作为国民经济基础的各种职能。正如《中共中央关于一九八四年农村工作的通知》中所说，“由自给半自给经济向较大规模商品生产转化，是发展我国社会主义农村经济不可逾越的必然过程”。农村商品经济的发展，不能不使人思考，整个国民经济都有一个发展商品经济的问题。因此，要在理论上承认社会主义经济也是一种商品经济。最后，运用经济杠杆取得了成就。有些人不承认社会主义商品经济，是担心发展商品经济就难以处理好计划和市场的关系。而这几年由于运用经济杠杆取得了成效，积累了经验，表明我们是能够学会运用经济杠杆的，通过对经济杠杆的运用和对计划的、行政的、法律的手段的运用，是可以把计划和市场的关系处理好的。总之，是经济体制改革的实践，使得我们必须承认社会主义经济是有计划的商品经济。

经济理论研究工作在这个突破中的作用。理论是实践的反映，而实践要得到正确的反映又有赖于理论研究工作，尽管经济体制改革的实践已经显示出社会主义经济是一种商品经济，但如果没有开展深入的调查研究工作，也难以得出科学的结论。因为，现象是复杂的，不同的理论往往都可以从现象中找到根据。商品经济问题之所以争论不休，原因之一就是争论的各方面都可以从现象中找到自己需要的“事实根据”。由于这几年广大的经济工作者和经济理论工作者在商品经济问题上开展了认真深入的研究工作，取得了多方面的研究成果，才为《决定》中的突破做好了理论上的准备。理论上的突破是以研究工作作基础的。

党的马克思主义的思想路线即实事求是的路线在这个理论突破中起着重要作用。由于有了一条正确的思想路线，才能有我国经济体制改革的实践，才能有百家争鸣的局面和经济研究工作的成绩，从而也才能制定和通过《中共中央关于经济体制改革的决定》。从这个意义上说，党的实事求是的思想路线对这个突破是起着决定性的作用的。

论文还介绍了社会主义发展史上从主张取消商品经济到承认社会主义商品经济的漫长艰苦过程，分析了争论延续如此长的时间难以得出公认为正确结论的原因。我认为，长期争论不是偶然的，有着多方面的原因。主要原因在于：

第一，马克思主义经典作家说过社会主义社会不存在商品货币关系，而对待马克思主义的教条主义态度妨碍我们突破那些过时的理论。马克思、恩格斯和列宁都说过公有制社会将废除商品生产，这些观点曾长期禁锢了一些人的思想，妨碍他们正确认识社会主义商品经济问题。本来，我们不应该要求马克思主义创始人解决社会主义社会的一切问题，尤其不能要求他们解决自己没有遇到过的问题。他们也从来没有想用自己关于社会主义经济的某些论述来束缚后人的手脚。相反，他们总是要求和鼓励后人用科学的态度对待马克思主义，要求和鼓励后人以科学社会主义为指南，从事新的社会主义建设实践，并且依据这种实践来检验和发展马克思主义的理论。不幸的是，在马克思主义者中教条主义曾经相当流行。这种对待马克思主义的教条主义态度，使得一些人坚持那些已经过时或者未被实践证明为正确的理论观点。对马克思主义的党性的片面理解加剧了这种状况，我们是坚持马克思主义的党性原则的，而有些没有掌握马克思主义精髓的人，把党性原则理解为坚持马克思主义创始人说过的所有的话。这样就助长了教条主义。其实，马克思主义的党性和科学性是统一的，而且，它的党性是以科学性为前提的。正因为马克思主义是真理，我们才必须坚持马克思主义。而坚持马克思主义经典作家说的那些已被实践证明为不正确的观点，实际上是违背马克思主义的。在国内的争论中，也可以看到对待马克思主义的教条主义态度是使社会主义商品经济问题长期难以解决的重要原因之一。

第二，传统的社会主义经济模式为否认社会主义商品经济提供了依据，而人们在长时期内把这种传统模式看成唯一正确的社会主义经济模式。传统的社会主义经济模式即斯大林模式是在产品经济论（产品经济论和自然经济论是有区别的，但又是相通的）的指导下形成的，它又成为产品经济论的理论支柱。在这种经济模式下，企业没有独立性，不称其为“商品生产者”和“经营者”；产品按国家指令性生产，实行统购统销，不称其为“商品”；价值规律的作用受到限制，国家主要依靠行政办法管理经济；社会主义经济表现为排斥商品经济属性的计划经济。这一切，都很容易被用作否认社会主义商品货币关系的“实施根据”，也可用作否认社会主义经济是商品经济的“事实根据”。很多否认社会主义经济具有商品经济属性的文章，是用传统经济模式的实物经济特征来论证的。这种论证实质上是一种循环论证，它用待证明的理论作为前提，来证明这种理论的正确性，因而是违背逻辑规律和无效的。尽管如此，由于它以“事实”为“根据”，仍能给人以似是而非的满足，甚至被当作理论联系实际的范例。问题还在于，传统的社会主义经济模式曾在苏联社会主义工业化过程中发挥过积极作用，也曾在我国工业化过程中发挥过积极作用，加上其他原因，它长期被当作唯一正确的社会主义经济模式，稍一脱离，甚至稍有怀疑，就被说成违背马克思主义和社会主义，被当成修正主义批判。这样，就更加使得那种否认社会主义经济的商品经济属性的错误观点成了马克思主义观点，而承认社会主义经济的商品经济属性的正确观点成了异端邪说。直到这种传统的社会主义经济模式越来越暴露出缺陷和弊端。在我国，直到党的十一届六中全会通过的《关于建国以来党的若干历史问题的决议》中指出，社会主义社会并没有一种固定的模式，人们的思想才获得解放，为理论上的突破提供了必要的条件。

第三，极左思潮有较大的影响，而且有它赖以存在和扩大影响的社会基础。极左思潮不是一国的现象，而是一种国际现象。不过，在我国，它在一段时期内为害尤烈。在“大跃进”时期就鼓吹取消商品生产。“文化大革命”中，“四人帮”又鼓吹种种污蔑社会主义商品货币关系的谬论。这些谬论，加上特定时期的政治气氛，显然使人民难以客观地研究这个问题。“四人帮”反对社会主义商品生产反映了他们代表的封建地主阶级对于商品经济的憎恶和恐惧，而我国曾经广泛存在的小生产者，从其本性来说，也有恐惧商品生产的一面。这样，这类谬论在一定条件下就容易传播，甚至会长期发生影响。

还要指出，国际上一些资产阶级学者参加了社会主义商品问题的争论，他们的意见中不乏对正确解决这个问题有参考价值的内容，但是，由于他们的反社会主义立场，也使得争论复杂化了，增加了解决问题的难度。

第四，社会主义商品经济问题本身是一个复杂的问题，而处理好社会主义经济的计划经济属性和商品经济属性的关系，更是一个重要而艰巨的任务。社会主义商品经济和社会主义计划经济并不是孤立存在的两种经济，而是社会主义经济的不同方面。社会主义商品经济有其内在的矛盾，具有自发性即盲目性，因而，社会主义商品经济同社会主义计划经济既是统一的，又存在着矛盾。经验表明，在社会主义条件下，处理好计划经济和商品经济的关系固然是可能的，但也颇不容易。我们在改革中曾出现计划受到市场冲击的现象，其原因很多，包括计划不科学、计划管理制度有缺陷等，但不可否认，商品经济的自发性是重要原因之一。这种计划经济和商品经济的矛盾曾经使有些同志感到计划制度受到威胁，他们企图用否认社会主义经济是商品经济来解决矛盾，这种因噎废食的办法当然是不可取的，但也足以说明社会主义商品经济问题的复杂性。这种复杂性使得全面地认识这个问题变得很不容易。

此外，在这个问题上的有些争论，也同我们缺少历史知识和对国外情况不够了解有关。例如，有人说，商品经济是资本主义经济的特征。其实，奴隶社会、封建社会都曾经有过发达的商品经济。我国封建社会的许多王朝，都曾经有过商品经济相当发达的时期。马克思明确说过，不能把商品经济和资本主义经济混为一谈。再如，有人说，同一所有者内部不存在商品货币关系。事实上，很多资本主义国家的国有企业就是按照私人公司的方法经营管理的。因而这些国有企业是独立的商品生产者和经营者。而且，一些大公司实行事业部制，同一个公司的事业部之间也是商品货币关系。可见，在资本主义社会，同一所有者内部也存在着商品货币关系，这些大公司正是利用公司内部的商品货币关系促使各个事业部改进经营管理的。如果我们了解这一类情况，也就不会坚持同一所有者内部不存在商品货币关系以及全民所有制内部不存在商品货币关系等错误观点了。

通过以上分析，可以在方法论上得到一些经验教训。例如，要正确地对待马克思主义。马克思主义是我们建设社会主义的指导思想，但是我们不能要求马克思主义创始人为我们解决所有社会主义建设中的问题。我们既要坚持马克思主义，更要在实践中发展马克思主义。又如，研究问题要深入，要善于透过现象抓住本质。现象是复杂的，存在的并不就是合理的。因此，要防止从现实中任意找一些材料来论证自认为正确的观点。论证问题要符合逻辑规律，防止违背逻辑规律的循环论证。再如，要认识社会主义商品经济的复杂性，既不要再犯把社会主义计划经济同社会主义商品经济对立起来的错误，也不要看不到它们之间存在的矛盾。要全面地认识社会主义商品经济，防止从一种片面性走向另一种片面性。

四 阐明经济体制改革的目标是建立社会主义市场经济体制

党的十四大明确指出：我国经济体制改革的目标是建立社会主义市场经济体制，以利于进一步解放和发展生产力。在党的十四大前后，我写了多篇论文研究社会主义市场经济涉及的理论和实践问题，并汇编成《从计划经济到市场经济》一书，于1994年由经济管理出版社出版。

我在《社会主义商品经济理论需要发展》一文中说明了社会主义商品经济理论为什么要发展为社会主义市场理论的必要性。我指出：社会主义市场经济的提法是社会主义商品经济提法的继承和发展，必将推动我国的经济改革和经济事业发展。迄今为止，我国的经济改革是在社会主义商品经济理论的指导下进行的。党的十二届三中全会指出社会主义经济是公有制基础上的有计划的商品经济，这个科学概括否定了把社会主义同商品经济对立起来的传统观念，是对马克思主义的重大发展。根据社会主义商品经济理论，我国实行了市场取向的改革，在企业改革、市场培育、宏观经济管理改革等方面做了大量工作，取得了很大成就。社会主义市场经济理论，必将继承社会主义商品经济理论的科学内容，并更好地付诸实践。

改革的实践也表明社会主义商品经济理论有局限性，难以适应进一步深化改革的要求。尽管我们搞社会主义商品经济的成绩很好，但困难也很多，尤其是一个时期内走走停停，步履维艰，进展不快。这里原因很多，理论上的局限性可能不是最主要的原因，但确实也是一个重要原因。在市场机制的作用、国有企业的独立性、市场体系的内涵以及政企关系等问题上，社会主义商品经济理论都有不够明确、彻底的地方，必须进一步发展。

根据社会主义商品经济理论，市场机制在资源配置中起什么作用是不明确的。资源配置是指资源在各个部门、各个行业、各个企业之间的分配，我们通常讲的国民经济按比例发展就属于这个问题。不过，资源配置不只包括国民经济按比例发展的要求，还包括提高经济效益、加快科技进步等内容。各个社会商品经济的发展程度不同，市场机制的作用也不同。社会主义商品经济理应是发达的商品经济，即市场经济。而在市场经济中，市场机制应在资源配置中起主要作用，即市场能调节的，就让市场去调节，市场不能调节的或调节不好的，再由政府采取措施来调节。因此，我们搞社会主义商品经济，就是要创造条件，让市场机制成为资源的主要配置者，这样才有可能从体制上为优化企业结构、提高经济效益、促进技术进步等创造有利条件。

对于以上问题，我们有过许多内容不同的提法和主张。党的十三大提出了国家调节市场、市场引导企业的新提法，这个新提法蕴含着市场机制应在社会主义商品经济资源配置中起主要作用的内涵。现在看来，这个提法是正确的，是符合发展社会主义商品经济的要求的。而市场机制既然在社会主义商品经济资源配置中起主要作用，社会主义商品经济也就成为社会主义市场经济了。

1989年以来又出现了计划经济与市场调节相结合的提

法，并认为这是社会主义商品经济的运行机制。有些同志还认为“计划经济与市场调节相结合”就是“计划经济为主、市场调节为辅”的另一种表述，而且是社会主义商品经济运行机制的唯一正确的表述。一段时期内国家调节市场、市场引导企业的正确提法实际上被否定了。而按照这个提法办事，传统计划经济就将保存下来，市场调节只能起有限的辅助作用，又怎么能发展社会主义商品经济呢？

以上事实说明，社会主义商品经济理论对于市场机制在资源配置中的作用的看法是不明确的。尽管有的提法是正确或比较正确的，但是并不一定能取得统治地位，而有的不正确的提法，也能从社会主义商品经济理论中找到一定的根据。这种理论上的不明确又是同理论的不彻底有关的。社会主义商品经济理论的这些局限性要求我们适时地把这一理论推向前进，也就是使社会主义商品经济理论发展成为社会主义市场经济理论。

我在《学习党的十四大报告的一点体会》中进一步具体分析了商品经济理论的局限性。我指出：从改革以来的理论和实践看，社会主义商品经济理论至少在以下几个问题上是有局限性的。

第一，市场机制的作用问题。市场机制理应成为社会资源的主要配置者。但一个时期以来，流行的社会主义商品经济理论对此是不明确的。我们曾经有过计划经济为主、市场调节为辅的提法，这个提法和过去完全排斥市场机制相比是进步的，但它只承认市场调节起极有限的辅助作用，显然是不能适应社会主义商品经济即市场经济发展的要求的。后来又提过计划调节与市场调节相结合，这又前进了一步，但这个提法仍未明确以市场机制为社会资源的主要配置者。人们可以对这个提法作各种解释，所以它过于笼统，不够明确。1989年以来，占统治地位的提法是计划经济与市场调节相结合。根据有些同志的解释，这个提法实际上是回到了计划经济为主、市场调节为辅的提法，这就是允许在计划经济体制的框架内加些市场调节的因素，市场调节只能在资源配置中起辅助作用而不能起主要作用。

第二，企业的独立性问题。为了使市场机制起社会资源主要配置者的作用，企业必须成为独立的商品生产者和经营者，成为市场主体。《决定》要求国有企业成为自主经营、自负盈亏的商品生产者和经营者，这是完全正确的。但是，一种主流的意见却认为国有企业只能有相对的独立性。相对的独立性，就是只要相对自主经营，相对自负盈亏就行。而这种相对的独立性是绝难使国有企业成为真正的商品经营者和市场主体的。这样也就难以使市场机制发挥应有的作用，难以发展社会主义商品经济。

第三，商品关系的范围问题。市场机制起资源主要配置者作用的另一个条件是形成竞争性的市场体系，即不仅要有商品市场，而且要有要素市场，要承认劳动力、资金、土地以及企业也是商品。而我们曾规定：在社会主义条件下，劳动力不是商品，土地、矿山、银行、铁路等一切国有的企业和资源也都不是商品。作出这种规定为的是和资本主义市场经济划清界限，但如果按以上规定做，又怎样形成市场体系和发挥市场机制的作用呢？这样规定并未科学地在社会主义商品经济和资本主义市场经济之间划清界限，反而在商品经济和市场经济之间划了鸿沟。

第四，政企关系的处理问题。处理好政企关系是使国有企业成为真正的商品生产者和经营者以及形成竞争性市场体系的前提条件，也是社会主义商品经济健康发展的关键所在。《决定》要求实行政企职责分开，正确发挥政府机构管理经济的职能，这是必要的和正确的。但是，改革以来，在政企职责分开和政府转变职能方面进展甚慢，困难很多。这同理论和认识也有关系。上面提过的企业相对独立性的理论，就是承认企业对政府的某种隶属关系，妨碍了企业彻底摆脱行政机构附属物的地位。例如，流行的观念认为，国有经济的所有权只能由政府掌握，而政府作为政权机构又有行政管理权，这种财产所有权和行政管理权集于政府一身的状况，也难以真正实行政企职责分开。这里还要重视一个问题：发展经济的主体是企业还是政府？传统计划经济体制是把政府作为发展经济的主体的，但发展社会主义商品经济必须使企业成为主体。而迄今不止政府是主体的观念似乎还占统治地位，诸如放权让利、放水养鱼、把企业推向市场、分配中国家得大头之类的提法和做法就反映了这一点。这种观念和认识不改变，政企关系是处理不好的。

我指出：怎样才能克服社会主义商品经济理论的局限性呢？这就要在继承其科学内容的基础上，把这一理论推向前进，使之发展成为社会主义市场经济理论。尤其是要承认社会主义商品经济是市场经济，要承认市场机制是主要的社会资源配置者。在这个问题上过去并非没有意见分歧和争论，也不是没有正确的意见，问题在于在原有的理论框架内，那些不正确的意见也能找到存在的理论依据，甚至可以据此批判正确的意见。

我认为：社会主义商品经济理论发展为社会主义市场经济理论有其必然性。社会主义商品经济理论促进了社会主义商品经济，而随着商品经济的发展，实践也在不断突破理论的局限性，推动着理论发展。明显的事例有：劳动力和土地早就开始成为商品；有些国有企业早就进行产权转让，意味着国有企业也开始具有商品性；随着股份制和股票市场的形成和发展，国有企业的商品性更加明显；国有企业为了增强竞争力，要求完全摆脱对政府的隶属关系，取得真正的独立性。有些政府机构也在按照发展市场经济的要求转变政府职能。实践的成果必然要反映在理论上。因此，现在是确认社会主义经济是市场经济的时候了，这将是马克思主义社会主义经济理论的又一次飞跃发展。我从四个方面说明其意义。

1. 社会主义商品经济就是社会主义市场经济

当然不能把商品经济和市场经济完全等同起来，它们既有相同点，又有不同点。商品经济和市场经济都要有市场，都要实行等价交换，都要开展竞争，都要发挥价值规律的作用，这些是它们的共同点。但是，并不是任何商品经济都是市场经济。小商品经济就不是市场经济。我国封建社会有些都城里商品经济有所发展，但也不是市场经济。只有商品经济的社会化和市场化相当发达，市场机制成了社会资源的基本配置者，这时候商品经济才成为市场经济。市场机制成为社会资源的基本配置者必须具备一系列条件，例如，既要有发达的商品市场、发达的要素市场、灵活的价格机制、相应的微观基础即现代企业，也要有资源自由流动的各种必要条件，以及正常的市场运行规则和健全的市场管理制度。为了充分发挥市场机制的积极作用并克服其消极作用和弥补其不足，还要有正确有效的宏观经济管理制度和政策。总之，市场经济是现代生产力发展的产物，是一种发达的商品经济。社会主义商品经济显然应该是发达的商品经济，所以也理应是市场经济。

2. 社会主义市场经济的提法更确切

既然社会主义商品经济就是社会主义市场经济，为什么一定要把社会主义商品经济的提法发展为社会主义市场经济的提法呢？这是因为，社会主义经济改革要改革传统的计划经济，使市场机制成为社会资源的基本配置者，社会主义市场经济的提法比社会主义商品经济的提法更能明确反映这个要求。社会资源配置是经济发展的一个根本问题。除了在生产规模狭小、生产力很不发达的社会里可以依靠传统和习惯配置资源外，生产社会化的社会里只能有两种配置资源的方法：一种是主要依靠行政命令、一种是主要依靠市场交换。在传统社会主义体制下实行的计划经济，就是主要依靠行政命令配置社会资源，虽然它曾基本适应新中国成立初期生产力很不发达的情况，但后来越来越不适应生产力进一步发展的要求。我们提出发展社会主义商品经济，就是要在社会资源配置上实行由主要依靠行政命令到主要依靠市场交换的机制转换。

3. 邓小平同志的谈话为社会主义市场经济奠定了思想理论基础

过去在长时期内流行一种观点：把计划经济和社会主义完全等同起来，把市场经济和资本主义完全等同起来。这是阻碍人们接受社会主义市场经济提法的一个重要原因。邓小平同志1992年初在南方谈话中提出：“计划多一点还是市场多一点，不是社会主义与资本主义的本质区别。计划经济不等于社会主义，资本主义也有计划；市场经济不等于资本主义，社会主义也有市场。计划和市场都是经济手段。社会主义的本质，是解放生产力，发展生产力，消灭剥削，消除两极分化，最终达到共同富裕。”[①]这就澄清了计划和市场问题上的理论是非，为确认社会主义市场经济奠定了思想理论基础。邓小平同志的观点是有科学根据的。在社会主义制度出现以前，资本主义就是搞市场经济。在社会主义制度出现以后的一段时间里，资本主义也是不搞计划，只搞市场经济，社会主义则搞排斥市场的计划经济。这种情况似乎表明可以把计划经济同社会主义等同起来，把市场经济同资本主义等同起来。但后来尤其是第二次世界大战以后情况有了很大变化。很多资本主义国家也有计划了，有的还被称为“计划经济”，社会主义国家也搞市场了，有的也被称为“市场经济”。深一层的研究揭示，搞计划经济还是搞市场经济并不仅仅取决于社会制度是社会主义性质还是资本主义性质，还取决于发展国民经济的战略和方针政策，取决于对经济规律尤其是经济运行机制的认识水平和管理国民经济的经验与水平。所以，把计划经济和社会主义等同起来，把市场经济

① 邓小平：《在武昌、深圳、珠海、上海等地的谈话要点》，载《邓小平文选（第三卷）》，人民出版社，1993。

和资本主义等同起来是一种皮毛之见，认识提高后就不会这样等同了。

4. 经济改革的具体目标要进一步明确

党的十二届三中全会以来，在社会主义商品经济理论的指导下，我国经济改革取得了很大成绩，这是不可抹杀的。但是经济改革也面临着不少难题，解决这些难题要求进一步明确改革的具体目标。我们在提出社会主义商品经济理论的时候，有些改革的目标提得并不明确。例如，人们曾认为：在我国社会主义条件下，劳动力不是商品，土地、矿山、银行、铁路等一切国有企业和资源也都不是商品。但是，如果这些真的都不是商品，又怎么形成社会主义市场体系呢？而没有市场体系，市场机制又怎么充分发挥作用呢？事实上，现在的做法已经超出了以上认识。又如，我们强调要充分重视经济杠杆的作用，这无疑是正确的。但是，强调运用价格杠杆却有可能使国家仍过多地干预价格的形成，限制价格机制的作用。我们曾提出要“逐步缩小国家统一定价的范围，适当扩大有一定幅度的浮动价格的范围”。这个要求从发挥市场机制作用上看也不明确，而且过低。以上例子都说明，社会主义经济改革的目标有待进一步明确，而明确这些目标必须发展社会主义商品经济理论。要按照社会主义市场经济的要求，进一步明确改革的具体目标，把经济改革推向前进。

我在《从计划经济到市场经济》一书的序言中说：经济体制改革的目标问题是关系我国社会主义命运和现代化前途的大问题。党的十四大决定以建立社会主义市场经济体制作为经济改革目标，使中国有可能充分发挥社会主义制度的优越性，保证现代化建设事业顺利发展。为了建立社会主义市场经济体制，我们要进一步深入学习社会主义市场经济理论。社会主义市场经济理论的内容是十分丰富的，学懂弄通并不容易。以下几点，可能是当前学习中应该强调的：

第一，发展市场经济的目的是发展生产力。邓小平同志一贯认为坚持社会主义制度最根本的是要发展生产力。他正是由此出发提出社会主义市场经济的。他说："问题是用什么方法才能最有力地发展社会生产力。我们过去一直搞计划经济，但多年的实践证明，在某种意义上说，只搞计划经济会束缚生产力的发展。把计划经济和市场经济结合起来，就更能解放生产力，加速经济发展。"

第二，社会主义市场经济体制是同社会主义基本制度结合起来的。不同社会制度下的市场经济有其共同点，这就是市场经济的一般规律，是社会主义市场经济也必须遵循的。而社会主义市场经济还有自己的特点。因此，邓小平同志一再强调，公有制经济要占主体地位和要避免两极分化。

第三，可以并应该采用资本主义国家发展市场经济的一些方法。既然市场经济有其一般规律，而资本主义国家发展市场经济又有比较丰富的经验教训，所以我们必须了解它们，吸收它们对我们有用的东西。正如邓小平同志所说："许多经营形式，都属于发展社会生产力的手段、方法，既可为资本主义所用，也可以为社会主义所用。谁用得好，就为谁服务。"

第四，学习要有科学态度，要继续贯彻解放思想、实事求是的思想路线。过去计划和市场的讨论常常纠缠在姓“社”姓“资”问题上，这种情况现在已有改变，但是条条框框的束缚仍是存在的。因此，要继续解放思想，“警惕右，但主要是防止‘左’”。现代市场经济既要求发挥市场对资源配置的基础作用，又要求重视和发挥宏观调控的作用。认识和处理这一类问题要力求全面，力戒片面，总之就是要实事求是。

随着实践的发展和研究的深入，社会主义市场经济理论必将进一步发展和完善。

五　全面认识社会主义市场经济

在党的十六届四中全会通过的《中共中央关于加强党的执政能力建设的决定》中，提出要不断提高驾驭社会主义市场经济的能力。为了提高驾驭社会主义市场经济的能力，必须对社会主义市场经济有全面、正确的认识。就是既要认识社会主义和市场经济结合的必要性、必然性，又要认识社会主义和市场经济的矛盾并处理好这些矛盾。只有这样，才能保证社会主义市场经济健康发展，充分发挥其积极作用；也才能化解当前面临的某些社会经济风险，保障社会经济安全，保持社会经济稳定，促进社会主义建设健康发展。

21世纪初，我撰写了《关于社会主义和市场经济相结合的几个问题》《正确处理社会主义和市场经济的矛盾》《全面认识社会主义市场经济》等几篇论文，研究了以下几个问题。

（一）社会主义和市场经济结合的必要性、必然性

我比较同意现在世界上还没有条件实行马克思设计的计划经济这种意见。现在世界上还没有哪个国家达到了可以实行马克思说的计划经济的水平。实行计划经济的前提是全社会实现单一的公有制，就是一个国家变成一个大工厂。苏联是用行政的办法即用超经济的强制建立公有制的，并在国有经济占统治地位的情况下实行了计划经济。单一公有制和计划经济导致的种种弊端，加上其他原因，最终使苏联趋于解体。马克思是以促进还是阻碍生产力发展作为评价一种生产方式先进还是落后的主要标准的。现在实行计划经济的结果会破坏生产力，因此那种经典式的即马克思说的计划经济在现在的世界上是不可行的。

社会主义和市场经济的关系长期存在着争论，在我国经济体制改革过程中，对这个问题也一直存在着尖锐的争论。有人用社会主义只能实行计划经济来反对社会主义可以实行市场经济。现在这个争论基本上告一段落了，就是取得了社会主义可以实行市场经济的共识。不过，也许我们还要加深对这场争论的认识，就是认识现阶段的社会主义不仅可以而且只能实行市场经济。因为，如果只说社会主义可以实行市场经济，就会让人认为似乎当前社会主义也可以实行计划经济。但是，历史和现实都说明，现阶段社会主义是不可能实行

纯粹的计划经济的，除非是用超经济的强制实行计划经济从而歪曲马克思设想的计划经济，而这样做已经遭遇了失败。

这里深化认识的一个关键是要弄清楚所有制结构、企业制度和市场经济的因果关系。现阶段世界上的生产力水平还没有达到可以消灭私有制的阶段，因此，社会主义也必须实行多种所有制共存，允许私有制经济存在，以公有制经济为主体，公有制企业自主经营、自负盈亏、自我发展、自我制约。这种所有制结构和企业制度，决定了社会主义社会实行市场经济的必要性、可能性和必然性。多种所有制结构和独立的企业制度是社会主义实行市场经济的“因”，实行市场经济是“果”。最终的“因”则是生产力还没有达到实行单一公有制的水平。人们往往用实行市场经济的必要性来说明社会主义必须实行多种所有制共存，我也曾这样说过，这可能是倒“果”为“因”了。

（二）社会主义和市场经济的矛盾

论文指出，由于一个时期内强调社会主义和市场经济可以和必须结合，使得有些同志否认或忽视了社会主义和市场经济的矛盾。但是应该看到，社会主义和市场经济既是可以结合的，又是存在矛盾的。过去有些人否认可以结合，这当然是错误的，但不能否认也不能忽视它们之间存在矛盾，亦不能忽视对这些矛盾的研究。

有些同志认为改革到位了，社会主义和市场经济的矛盾就不存在了。我认为，即使改革任务完成了，社会主义市场经济体制建成了，社会主义和市场经济仍会存在矛盾，这些矛盾会带来种种问题。有一种说法，认为当前社会上存在的贫富差距、权钱交易、假冒伪劣等都是改革不到位造成的，改革不到位是这些问题的根源。事实上很多问题固然同改革不到位有关，却也同社会主义和市场经济的矛盾有关。

有些同志担心承认社会主义市场经济的矛盾会被误认为反对社会主义市场经济。过去有人反对社会主义市场经济是因为看到社会主义和市场经济存在矛盾，但是承认社会主义和市场经济存在矛盾并不应该也不必然导致反对社会主义市场经济。其实，重视研究和正确处理社会主义和市场经济的矛盾，才能坚持社会主义市场经济改革的方向和发展社会主义市场经济。

应该看到，当前社会主义和市场经济的矛盾已经明显地、大量地暴露出来和影响社会经济稳定了。如果不重视和正确处理，或者市场经济不能充分发挥作用，或者社会主义原则将受到损害，其结果都不利于社会主义事业，不利于社会主义经济安全，不利于构建和谐社会，成为社会主义可持续的隐患。

当前社会主义市场经济的矛盾主要表现在以下几个方面。

1. 贫富差距扩大

由于实行社会主义市场经济，现在居民收入和生活水平总的来说比过去提高多了，贫困人口也大大减少了。但是，贫富差距却扩大了。计划经济解决不了贫困问题，因此决不能走回头路，但现在贫富差距扩大也同实行市场经济有关，不利于社会经济稳定和安全。

2. 产业结构和需求结构在一些方面很不适应

经济中的过冷或过热现象都和市场经济有关。实行计划经济时期也存在生产无政府状态和比例失调现象。市场经济不能自动地克服类似的现象，而且其自发性还可能助长这些现象，由此引起的问题可能更加复杂。

3. 唯利是图使得社会、经济尤其是意识形态领域出现许多消极现象，不利于社会主义健康发展

市场经济能鼓励人们努力进取，对经济、文化的发展起到积极的作用，但是，竞争和追求利润也会导致唯利是图，在各方面尤其是意识形态领域带来很多不健康的东西。一个时期来人们深恶痛绝的假冒伪劣、坑蒙拐骗、不讲信用、不讲道德的现象，都是和市场经济有内在联系的。竞争会导致垄断，拜金主义会助长权钱结合和权钱交易，商品拜物教会导致劳动异化。这些也是应该关注的问题。

4. 消费过度和消费不足现象并存

现在还有几千万人没有摆脱贫困，更多的人有这样或那样的消费不足的问题，增加居民的消费数量和提高其消费质量还是主要问题。但是消费过度现象也值得重视。各种炫耀性消费在很多方面已成为一种时尚，这类过度消费不仅使地球不堪重负，也不利于人们的身心健康。当然，不能把过度消费都归罪于市场经济，但也不能否认它们之间的内在联系。因为市场经济要求生产无限扩大，从而要求消费相应地发展以保证扩大再生产的实现。现在一片“鼓励消费、刺激消费、增加消费”之声，这是发展市场经济的要求。但是，笼统地提倡刺激消费，似乎消费越多越好，这样做对社会主

义发展是否有利是大可商榷的。

社会主义和市场经济的矛盾也具有必然性。首先，社会主义的核心价值是共同富裕，而市场经济的竞争和优胜劣汰则会带来贫富差距甚至两极分化，和共同富裕是有矛盾的，在由计划经济向市场经济转变的过程中竞争的起点也是不公平的。此外，社会主义发展生产力要有计划性，市场经济有利于发展生产力，而市场经济的自发性带来的盲目性，即人们通常说的生产无政府状态，又是和发展生产力有矛盾的。

其次，计划经济体制下的公有制显然也以追求利润为目标。尤其是现在公有制经济还在改革过程中，还没有找到使全体职工都能参与经营决策和享受利润分配的公有制企业形式。这种有缺陷的公有制经济无疑更会助长社会主义和市场经济的矛盾。

最后，在社会主义现阶段，必须允许非公有制经济存在和发展，否则将搞不成社会主义市场经济。非公有制经济和市场经济相结合，必然带来类似于资本主义社会私有经济的某些矛盾。由于坚持公有制为主体，非公有制经济的发展不一定会改变社会主义社会的性质，但会影响社会主义和市场经济的矛盾，助长某些不利于社会主义的消极现象。

此外，政企不分的问题还有待解决，各级各类政府机关干预企业微观经济活动的现象还大量存在，这种情况也会助长社会主义和市场经济的矛盾。

（三）社会主义和市场经济相结合是一个长期磨合的艰难过程

论文认为，建立社会主义市场经济体制就是把社会主义和市场经济结合起来，这是一个十分艰难复杂的长期过程。这里的艰难首先是由传统社会主义观点所致。长时期以来，人们把社会主义和计划经济等同起来，把资本主义和市场经济等同起来，因而又把社会主义和市场经济对立起来，认为社会主义社会实行市场经济就是搞资本主义复辟。由于人们的思想长期为这种传统社会主义观念所禁锢，在传统的计划经济向市场经济转变的过程中，每前进一步都遇到巨大的阻力，引发极大的争论。这方面的困难现在不能说完全克服了。

这种艰难不仅存在于思想认识方面，还存在于实际工作之中。在建立社会主义市场经济体制的实践中会遇到种种实际困难和问题，这里举其大者：一是由单一公有制转变为多种所有制共存的合理格局的困难。尽管多种所有制共存是中国特色社会主义的客观要求，符合生产关系一定要适合生产力发展的规律，但从已形成的单一公有制转变为多种所有制共存的合理格局却困难重重。为了自觉实现这一转变，中国对国有经济结构进行战略性调整已有多年，但迄今调整的任务仍然很重，非公有制经济的健康发展也有许多工作要做。二是国有企业的改革遇到的困难。实行社会主义市场经济，既要以多种所有制共存为前提，又要以国有企业成为真正的商品生产者和经营者为前提。如果国有企业不能成为真正的商品生产者和经营者，社会主义市场就缺乏国有企业的市场主体，国有企业也难以有竞争力，难以形成公有制经济为主体、国有制经济为主导的局面。现在企业经营管理差、亏损企业多、负担重、出资人不到位、法人治理结构不规范等问题仍阻碍着国有企业改革的深化，解决这些问题的难度很大。三是形成统一开放、竞争有序的市场体系的困难。要求市场充分发挥资源配置的积极作用，必须形成统一开放、竞争有序的市场体系，这也是困难重重的。我们现在除商品市场外，资本和其他要素市场都不发达。即使以商品市场来说，出于行业垄断、地区封锁等原因，全国统一的市场也远未形成。四是实现政企分开的困难。政企分开，既是国有企业改革的内容，也是国有企业改革的前提。事实上，由政企结合到政企分开是完善公有制为主体、多种所有制经济共同发展这一基本经济制度的前提。如果不实行政企分开，即使建成了市场经济，那也是官僚资本主义市场经济或裙带资本主义市场经济，离社会主义市场经济的要求相距不止十万八千里。由于我们的改革是自上而下进行的，政企分开要政府主动实行，加上这个问题又是和党政分开、政资分开等问题结合着的，解决起来就更为困难。五是扩大社会主义民主、健全社会主义法治的困难。社会主义市场经济是法治经济，要求发扬民主。我们通常认为公有制经济就是社会主义性质，这种认识是不正确的。因为在各种社会形态中都有公有制经济，它们不一定姓“社”，即使在社会主义社会，公有制企业也未必一定姓“社”。究竟姓什么，要由企业的生产关系和经营活动的性质来决定。而实行民主和法治，则是社会主义社会公有制企业姓“社”的前提条件。因此，建立和健全社会主义市场经济体制必须发扬民主、实行法治。

把社会主义和市场经济结合起来的困难还有社会主义和市场经济之间存在矛盾。当前我国社会经济生活中存在的一些突出问题，如贫富差别悬殊、就业问题严重、农民收入增长缓慢、产业结构不合理等，虽然原因很多，但其中一个重要原因是社会主义和市场经济之间存在矛盾。正确处理它们之间的矛盾是十分重要的。我们完善社会主义市场经济体制，就是要围绕正确处理它们之间的矛盾来制定政策和采取措施。

有一种意见认为，现在社会经济生活中存在的一些严重问题，都是改革不到位造成的。我们不能否认现在存在的很多问题同改革不到位有关，因此必须深化改革。但说当前社会经济生活中存在的问题都同实行社会主义市场经济无关，认为改革到位后这些问题就都解决了，这种看法是需要商榷的。由于社会主义和市场经济之间存在矛盾以及市场经济本身存在矛盾，这些矛盾会给社会经济生活带来一些问题，即使改革到位了，现在社会经济生活中的有些问题也不会自动消解。在社会主义市场经济条件下，要完全消灭市场经济的矛盾及这种矛盾带来的消极后果是不可能的。认为改革到位了，当前存在的所有严重的社会经济问题都能迎刃而解，恐怕也是一种乌托邦式的空想。

处理好社会主义和市场经济之间存在的矛盾是十分艰巨的，而且是长期的任务。处理的根本原则不是消灭它们之间的矛盾，而是调节矛盾，使之有利于社会主义。换句话说，就是既要坚持社会主义基本经济制度（主要是所有制和分配制度），又要坚持最大限度地发挥市场经济在资源配置中的基础性作用。我国将长期处于社会主义初级阶段，所有制是以公有制为主体、多种所有制共存，分配制度是按劳分配为主体、多种分配方式并存，允许富裕程度的差别和一定程度的剥削，要求企业发挥积极性和提高竞争力。因此，在坚持社会主义和市场经济结合的前提下，对它们的矛盾进行调节是有可能的。

我国社会主义市场经济的实践也表明，由于社会主义和市场经济在目的、要求和价值观等方面存在矛盾，社会主义和市场经济的结合要有一个磨合的长期过程，使社会主义和市场经济相互适应，通过磨合达到最佳的结合状态，既坚持社会主义的基本原则，又充分发挥市场经济的积极作用，允许矛盾存在，但应尽量克服其消极作用。我们现在还处于这个磨合的开始阶段，有些矛盾突出起来是难免的。还要看到，社会主义和市场经济的矛盾有赖于国家的宏观调控来调节和解决，出于经验不足等原因，也会出现政策措施不够周密甚至出差错的情况，助长某些消极现象。因此，必须全面深刻认识社会主义和市场经济的关系和矛盾，坚持科学发展观，认真贯彻党的各项正确的方针政策，努力提高驾驭社会主义市场经济的能力，把社会主义和市场经济结合得越来越好。

附录二　主要著作

周叔莲、吴敬琏、汪海波：《利润范畴和社会主义的企业管理》，北京：人民出版社，1979年。

周叔莲、吴敬琏、汪海波：《社会主义经济建设和马克思主义政治经济学》，北京：中国社会科学出版社，1982年。

林韦、周叔莲等：《中国经济改革》（英文版），宾夕法尼亚：宾夕法尼亚大学出版社，1982年。

周叔莲：《经济结构与经济效果》，广州：广东人民出版社，1983年。

周叔莲：《论经济管理》，太原：山西人民出版社，1983年。

周叔莲：《中国式社会主义经济探索》，沈阳：辽宁人民出版社，1985年。

周叔莲、裴叔平：《中国工业发展战略问题研究》，天津：天津人民出版社，1985年。

周叔莲、汪海波：《论孙冶方“最小—最大”理论》，北京：人民出版社，1985年。

周叔莲：《周叔莲选集》，太原：山西人民出版社，1987年。

周叔莲、杨沐：《公共管理与经济改革》，北京：经济管理出版社，1987年。

周叔莲、杨沐：《国外产业政策研究》，北京：经济管理出版社，1988年。

周叔莲、闵建蜀等：《论企业经营机制》，北京：经济管理出版社，1988年。

周叔莲：《中国的经济改革和企业改革》，北京：经济管理出版社，1989年。

周叔莲、闵建蜀等：《论企业家精神》，北京：经济管理出版社，1989年。

周叔莲、张冀湘：《重建社会主义企业》，北京：中国社会科学出版社，1990年。

周叔莲、裴叔平、陈树勋：《中国产业政策研究》，北京：经济管理出版社，1990年。

周叔莲、陈栋生、裴叔平：《中国地区产业政策研究》，北京：中国经济出版社，1990年。

周叔莲、陈佳贵等：《中国工业的发展与改革》，北京：经济管理出版社，1992年。

周叔莲：《中国的现代化和经济改革》，北京：经济管理出版社，1992年。

周叔莲：《中国的现代化与经济改革》（英文版），斯德哥尔摩：斯德哥尔摩大学出版社，1992年。

周叔莲、金碚：《国外城乡经济关系理论比较研究》，北京：经济管理出版社，1993年。

周叔莲：《从计划经济到市场经济》，北京：经济管理出版社，1994年。

周叔莲、陈佳贵：《市场经济与现代企业制度》，北京：经济管理出版社，1994年。

周叔莲、郭克莎：《中国地区城乡经济关系研究》，北京：经济管理出版社，1994年。

周叔莲、郭克莎：《中国城乡经济及社会协调发展研究》，北京：经济管理出版社，1996年。

周叔莲：《中国经济的两个根本转变》，北京：经济管理出版社，1997年。

周叔莲：《可持续的社会主义与中国经济》，北京：经济管理出版社，2000年。

周叔莲、郭克莎：《中国工业增长与结构变动研究》，北京：经济管理出版社，2000年。

周叔莲：《中国经济改革和发展面临的问题》，北京：经济管理出版社，2000年。

周叔莲：《小康社会和可持续社会主义探索》，北京：经济管理出版社，2005年。

周叔莲：《周叔莲经济理论文选》（上、下卷），北京：经济管理出版社，2005年。

周叔莲：《周叔莲文集》（中国社会科学院学术委员文库），上海：上海辞书出版社，2005年。

周叔莲、王延中、沈志渔：《中国的工业化与城市化》，北京：经济管理出版社，2008年。

周叔莲：《周叔莲集》，北京：中国社会科学出版社，2008年。

周叔莲：《周叔莲经济文选》，北京：中国时代经济出版社，2010年。

周叔莲、吕铁：《中国高增长行业的转型与发展》，北京：经济管理出版社，2010年。

周叔莲：《改革与探索——社会主义经济体制研究》，北京：中国社会科学出版社，2013年。

周叔莲：《转变经济发展方式再认识》，北京：经济管理出版社，2016年。